白夜疾走

～アイスランド自転車一人旅～

鎌田悠介
KAMATA Yusuke

文芸社

Iceland
Bicycle
Solo Trip

contents

ウエストフィヨルズル　066

ノースアイスランド　145

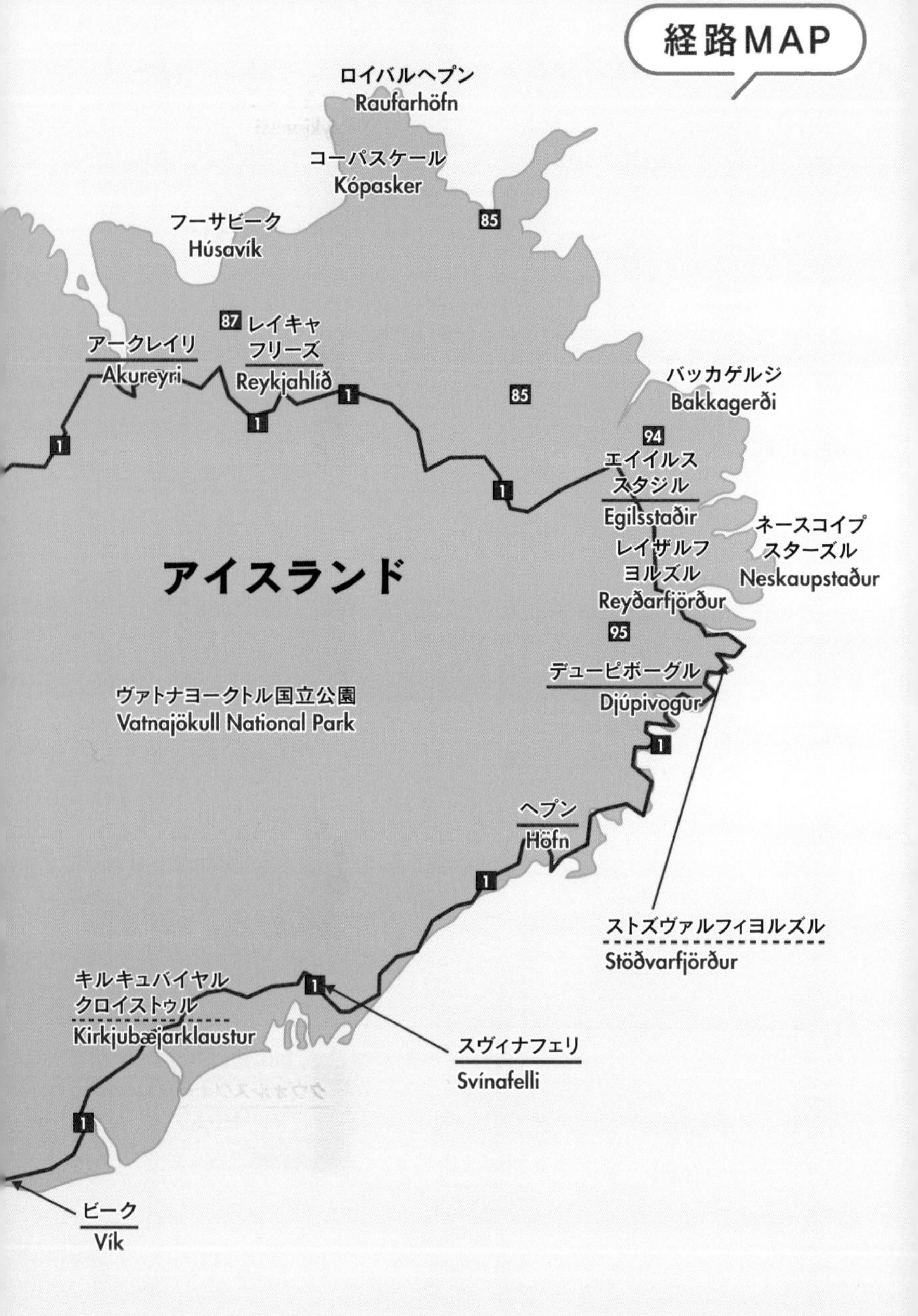
経路MAP
ロイバルヘプン
Raufarhöfn
コーパスケール
Kópasker
85
フーサビーク
Húsavík
87
レイキャフリーズ
Reykjahlíð
アークレイリ
Akureyri
1
85
バッカゲルジ
Bakkagerði
94
エイイルススタジル
Egilsstaðir
ネースコイプスターズル
Neskaupstaður
レイザルフヨルズル
Reyðarfjörður
95
アイスランド
デューピボーグル
Djúpivogur
ヴァトナヨークトル国立公園
Vatnajökull National Park
ヘプン
Höfn
ストズヴァルフィヨルズル
Stöðvarfjörður
キルキュバイヤルクロイストゥル
Kirkjubæjarklaustur
スヴィナフェリ
Svínafelli
ビーク
Vík

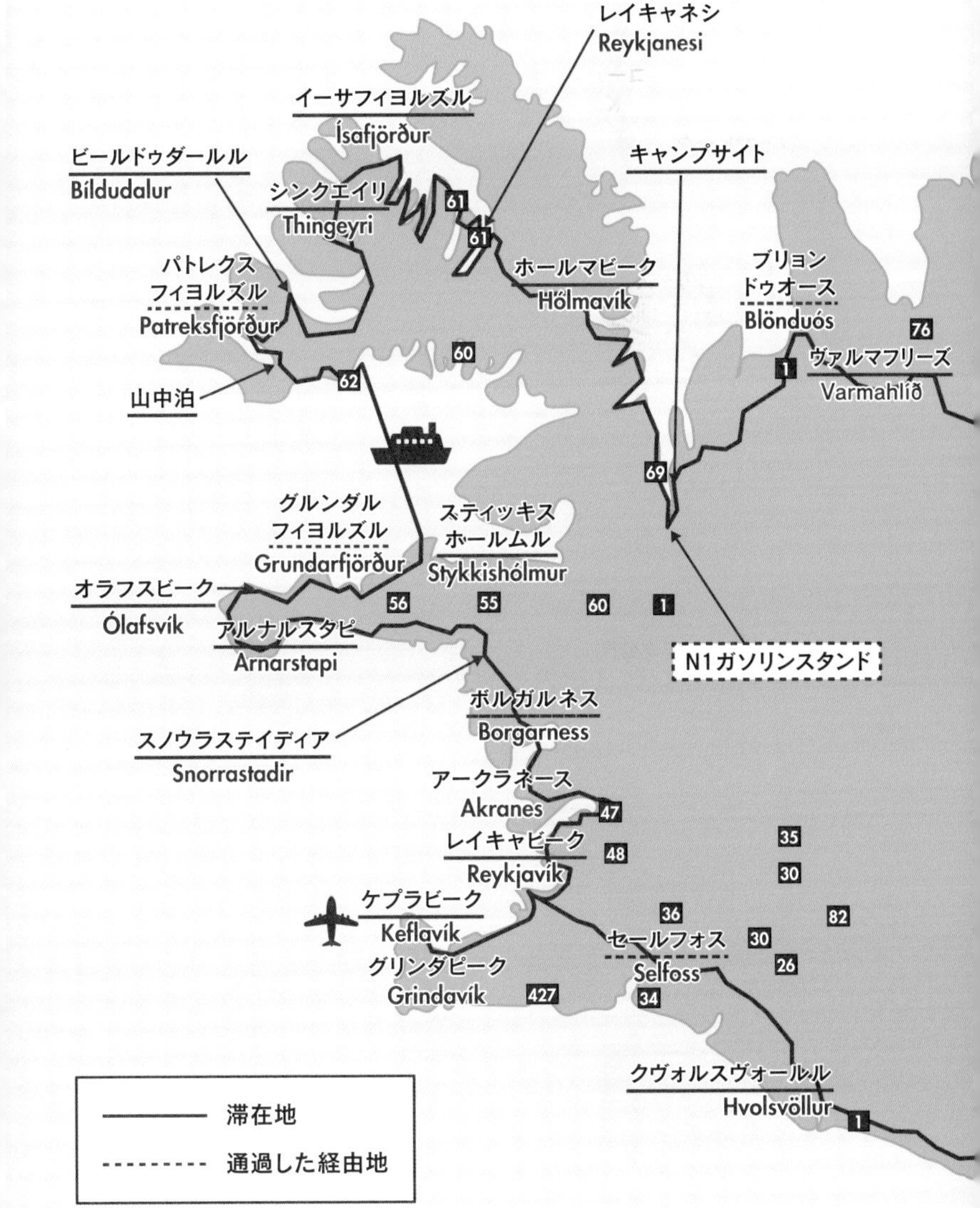

レイキャネシ
Reykjanesi
イーサフィヨルズル
Ísafjörður
ビールドゥダールル
Bíldudalur
シンクエイリ
Thingeyri
キャンプサイト
61
61
ホールマビーク
Hólmavík
ブリヨン
ドゥオース
Blönduós
パトレクス
フィヨルズル
Patreksfjörður
76
60
ヴァルマフリーズ
Varmahlíð
1
山中泊
62
69
グルンダル
フィヨルズル
Grundarfjörður
スティッキス
ホールムル
Stykkishólmur
オラフスビーク
Ólafsvík
56
55
60
1
アルナルスタピ
Arnarstapi
N1ガソリンスタンド
ボルガルネス
Borgarness
スノウラステイディア
Snorrastadir
アークラネース
Akranes
47
35
レイキャビーク
Reykjavík
48
30
ケプラビーク
Keflavík
36
82
セールフォス
Selfoss
30
26
グリンダビーク
Grindavík
427
34
クヴォルスヴォールル
Hvolsvöllur
1
滞在地
通過した経由地

Iceland Bicycle Solo Trip

北欧の島国

ロンドン経由、レイキャビーク行き

2023年6月28日

アイスランド時間で0時にレイキャビーク・ケプラビーク国際空港に到着した。28日の23時過ぎに到着予定だったからほぼ時間通りのフライトだ。羽田空港を28日の9時に出航し、ロンドン経由で入国した。機内から出て、ターミナルへ向かう。深夜だというのに空が白けている。もしかしたらこれが白夜というものなのだろうか……。

別なゲートに搭乗前の客が並んでいる。発着が同じセクションになっているのを見ると、かしこまった空港ではないようで少し落ち着く。入国審査もすんなりとパスした。ショップもほとんどが閉まっているが、配色なのかトーンなのか一気に北欧という雰囲気がする。

不安だった自転車と荷物も無事に到着していた。乗り継ぎの手続きもしていなかった私に色々聞いてくれて、アイスランドまで運ぶようにしてくれたＪＡＬのお姉さんには感謝が尽きない。玄関から外に出ると寒気が体を貫いた。ここまで寒いとは。この間まで日本の6月の暑さの中で生活していただけに体が驚いている。冬に引き戻されたようだ。

自転車はなんとか組み上げたが、前輪のスポークが少し曲がり、ハンドルレバーが破損していた。走行はできるからいいのだが、適当に輪行したツケを払わされた。ペラペラの輪行袋に入れただけだから仕方がない。本来であれば、ダンボールやハードケースに入れるべきなのだろうが面倒だった。自転車旅は走り出すまでが一番難しい。穴が空いて引き裂かれた輪行袋は使い捨てになってしまった。

ここで、とてつもないミスに気がついた。目的地のホステルまで49キロメートルとグーグルマップに表示されたのだ。レイキャビーク空港の隣にあったホステルにしたはずなのに。パニックの中、調べると、到着した空港はケプラビーク空港で、レイキャビーク空港とは別ということだった。アイスランドは英語も通じるが、アイスランド語が標準語で、Reykjavík（レイキャビーク）、Keflavík（ケプラビーク）とスペルも発音も独特だったので注視していなかった。小さな島国で人口も30万人ほどと、この距離で空港が二つもあるとは思いもしなかった。まさかこんな時間にこれから2〜3時間も走らねばならないというのか。信じたくない。日本を出国の日、目が覚めてから30時間以上は過ごしている。長時間フライトでほとんど寝ていないし、昨今の物価高と円安で食事も我慢していた。そのような体力は残されていない。しかし、残酷なことに自転車旅には選択肢というものはないのである。

絶望への準備ができた頃、一人の歳上の女性に話しかけられた。服装から同じサイクリストなのは一眼見て分かった。何やら助けを求めている。手が油で真っ黒なのを見ると自転車のトラブルでもあったのだろう。自転車を見るとチェーンが捻れてしまっていてホイールを取り付けられないとのこと。チェーンカッターで切ろうとしているが、これは簡単な問題なはずである。カッターは不要だ。

「問題ない」と伝えて作業を始めたが、うまくいかない。

ホイールを外した後に自然に捻れたのだから必ず復帰できるわけなのだが、働いていない頭ではどうもダメだ。彼女はさらに別のサイクリスト青年を捕まえて戻ってきた。フランス人の彼とこの難問を解こうとするが、二人とも寝ていないのが原因か解決できない。

しかも、エスパニョールがなんとかかと言っている。彼女はスペイン語で、フランス人の彼と話しているが、彼もそこまでスペイン語が堪能ではないらしい。さらに私と話す時は英語にしてくれているが、3人とも英語も中途半端で、さらに睡眠不足が重なって大変な惨状になってしまっている。

結局はチェーンを切ることになってしまった。チェーンを切断、再連結したが、リアディレイラーが機能せずにチェーンにテンシャンがかからない。走行はできないだろう。さらによく見ると彼女の自転車のパニアバッグを載せる後部ラックも破損している。彼女は最終的にバスでレイキャビークまで行き、メカニックに直してもらうことを選んだようだ。最高の笑顔で感謝を伝えてきている。そもそもチェーン以外にも破損が目立つのだから初めからその選択をすれば……などとは思ってはいけないが、思ってしまった。

「レイキャビークまで走るのか?」と私がフランス人の彼に聞くと、

「いや、20分くらいの宿泊施設までだ。一刻も早く寝たいんだ」と彼は言った。

同感であるが、こちらはそうもいかない。時刻は既に3時を過ぎている。真夜中でも視界が確保できるのは白夜の利点だろうか。できる限りの厚着をして漕ぎ出した。こうならないために空港近くの宿を取ったつもりだったのだが災難である。自転車旅は本当に始まりが辛い。

空港を出るとすぐに視界が開けた。何も遮るものもなく遠くまで見渡せる。砂漠地帯とは異なり、大地は低い草で覆われている。車や自転車でロードトリップをすると、とても楽しそうな国というのが第一印象だ。道路は平坦で起伏も少ない。風景はラベンダーのような青い花が一面に咲いており、そこかしこに隆起した跡がある。日本で例えるなら、北海道と北海道を足して三乗したような感じだろうか。

風向きは幸いにして追い風だ。というか向かい風だったら体温が保てていないくらいに寒い。手でスマートフォンを使うのもやっとだ。慣れない右車線を走行しながら、なんとか20キロメートルほど走ると、24時間オープンのスーパーマーケットのようなものが出てきた。店名は「Iceland」とそのままだ。定員が二人でずっと喋っている。店内を物色するが、全ての物が高い。水は1リットルほどで400~500アイスランドクローナもする。ほぼ、1クローナ＝1~1・1円、なので見た数字をそのまま、単位だけ変えて円にすればいいので計算が楽なのは嬉しいのだが、リンゴも一つ300クローナとは戦々恐々である。チョコレートマフィンとエナジーバーを400クローナほどで購入して車線に戻った。

レイキャビークの宿まであと少しのところで小雨が降ってきた。もう少し遅れていたら低体温症になっていたかもしれない。ラッキーなことに受付が常時オープンの宿だったので、朝の6時頃でもチェックインすることができた。28日にチェックインのつもりが29日の朝になってしまった。ひとまずこの宿を拠点に体を休めるのと、必要な物資を集めなくてはならない。

自転車から荷物を下ろし、吸い込まれるようにしてドミトリーの部屋へ向かった。空いている二段ベッドの上へ荷物を上げて、シャワー、着替え、歯磨きを終え、とりあえず寝ることにした。ベッドの横からは少し強くなった日差しが入っている。どれくらいの日光が朝なのだろうかと疑問に思ったが、考えるのはやめよう。初日から走ることになってしまったが、やっと寝ることができる。

アイスランドという国は日本ではあまり馴染みがなく、取り上げられる機会が少ない国だと思うが、日常生活で僅かに触れる写真や映像は神秘的でいつも強烈に惹かれた。最初にそう感じたのは、いつかの地理の教科書で大陸プレートの境目に位置する隆起した島国と紹介されていた時だと思う。『LIFE!』、『グッバイ、ドン・グリーズ!』、『LAMB/ラム』などのアイスランドを舞台に描かれた映画は、気になって鑑賞していたから関心は離れなかったのだろう。この国に対する情熱は幼少からゆっくりと醸成していたのだと思う。

また、2008年、私が大学在学中にアイスランドは国家破綻したはずだが、その後の国情は分からなかった。当時は経済や産業への関心が薄く、深く知ろうとせずにそのままにしていた。思えば、その後の日本は東日本大震災があり、自分としても化学会社へ就職した。同時に、学生時代から取り組んでいた格闘技のプロ選手としての練習が忙しく、多くのことを考える暇がなかった。

退職して、２０１９年にはオーストラリアを訪れた。その年、歴史的な酷暑となったオーストラリアの砂漠地帯を、常に水の量を気にしながら旅をしていた。初めての海外自転車旅だった。

巨大なオーストラリア大陸を自転車で一周してから数年が経ち、また沸々と走りたくなった。次はどこへ向かおうかと考えた時に、寒い北国を思い描き、アイスランドという国が浮かんだ。共に駆けた自転車を眺めながら、航空券の予約画面を開いた。オーストラリアの時と同じように要らないものを売り払って、必要なものを買い、就いていた仕事も退職して準備を整えたのだ。

2023年6月29日

15時頃に目を覚ますと、部屋には誰もいなかった。眠り始めた朝方には10名分のベッドが埋まっていたはずなのだが。ひとまず、シャワーを浴びて着替え、徒歩20分くらいのショッピングモールへ行くことにした。何がいくらで売っているのかを確認するのと、必須アイテムの情報を得なければならない。

必須アイテムとは、携帯電話回線のシムカード、燃料用アルコール、ダウンジャケットだ。ダウンは日本で買おうか悩んでいたのだが、やはり必要になってしまった。外気は寒くティシャツ1枚ではとても活動できない。室内でも薄着は肌寒く、フリースも欲しいが、フリースは嵩張るのでやはりダウンだろうか。

宿を出て歩くと、北欧的な家が立ち並んでいる。古いトタン屋根の家でも小綺麗に見えるのは塗装をしっかりしているからか、そもそものデザインなのか、1軒だけ格好良くても、他全体との調和が取れないと、ここまでおしゃれには見えないだろう。お金があるからといって自分だけ豪邸を建てるとただの顕示になるのだな。その完璧な調和のお陰で、電柱の押しボタンに全く気がつかずに、交差点で長時間止まっていた一幕はあったが、目当てのショッピングモールに辿り着いた。

まずは、適当にキョロキョロしながら歩いてみると、雑貨屋などは可愛らしいアイテムが並んでいて、いかにもといった風である。3階のフードコートで物色し、ひとまず大きめのピザを2カットとペプシコーラを頼んでみたところ、お値段2400クローナと高すぎる買い物となった。ペットボトル1本で600クローナとあり、こちらも日本の4倍ほどか。自分でスーパーで買えば200クローナほどと知るのは後日。つまり店員のお姉さんにレジ横の冷蔵庫から取ってもらう作業に400円ほどの価値があるというのだ。ピザを炙って温めてくれるのは嬉しい。サラミとチョリソーがたくさん載っているピザは少し湿気っていたが、初めてのまともな食事に少し心の余裕ができた気がする。食事中に3〜

4歳くらいの白人の男の子が寄ってきて、机の横で何か言って去っていった。うまく聞き取れなかったが「Peace（平穏）」というようなことを言っていたので、私がそのように見えたのだろうか。確かに今時点、ここ数日内では最も安らいでいると言っても過言ではない。

食後にモール内のスーパーマーケットへ行き、食料品を確認すると全てが軒並み高い。日本の2～3倍は平気でする。オーストラリアで70円ほどだった貴重なタンパク源のオイルサーディンが300円以上とはどうしたものか。それでも、パスタや米などは買えなくはなさそうである。水道水がほとんど飲用可なので水代が今後かからないのならなんとかなるだろうか。歯磨き粉とくるみ、菓子パンのようなものだけを買った。歯ブラシ、ビニール袋、キッチンペーパーなど、本来は現地で買える消耗品を日本から持ってきていてよかった。

アウトドアショップへ向かい、ダウンジャケットを確認すると軒並み30000クローナはする。アウトドアブランドに見慣れているから驚きはしないが高いのは事実なので一旦保留するも、セールで9000クローナとなっているダウンベストに目星をつけ、モールを後にした。

宿に戻り、買ってきた菓子パンを少し食べ、シャワーを浴びて寝ることにした。まずは時差ボケというか、自分のミスで夜型になった体を直さなくてはならない。

2023年6月30日

なんとしても、モバイル回線を早急にゲットしなくてはならない。空港にもなかったし、ショッピングモールにもそれらしき物がない。オーストラリアではそこかしこにシムカードが売っていたのに、これはお国柄だろうか、それとも、海外ローミングのモバイルWi-Fiが手軽に増えてきた影響なのかもしれない。

徒歩30分くらいの場所に、携帯電話会社である「Siminn（勝手に「シミン」と呼んでいた）」の店舗があるので行くことにした。自転車は寒いので乗らない。保存したグーグルマップを頼りに難なく発見し入店する。受付番号の紙を取って店内にいると、分からない言葉が飛び交い、その後に英語の番号を呼ばれた。アイスランドではよくあるのだが、初めはアイスランド語で呼ばれ、反応がなければ即座に英語に切り替わるのだ。プリペイドのシムカードが欲しいと言ったら、そのまま出てきたので購入し、自分のスマートフォンへシムカードを挿入する。すると、すぐに4G回線を捕まえて通信が可能となった。便利な世の中になったものだ。

ルートを変えて帰りの道を歩いていたら、アウトドアショップを発見した。テントなどもあるので、これは燃料用のアルコールが手に入るかもしれない。店内でそれらしいボトルを見つけたが、英語表記がない。店員に聞くとアルコールだというので信用して購入するが、価格は２０００クローナもする。日本だと薬局で３００円ほどで入手できるのだが……。まずは購入して、旅をしながら最善の入手方法は検討していくしかない。それにしても適当に歩いて状況が打開できるのは旅の醍醐味と言えるだろう。これで携帯回線と燃料を手に入れることができた。

さて、昨日も訪れたショッピングモールへ行き、目星をつけていたダウンを購入した。Sサイズが一つだけだったのと、他の安そうな量販店も確認したが、セールのこのダウンベストが最もニーズに合っていた。大きな出費だが、これがないと走行もテント泊も難しいだろう。これにて最低限必要なものは揃えることができたことになる。

スーパーマーケットへ行き、品々を確認する。肉などを量り売りしているコーナーに何やらサラダバーのようなブースがある。表記によると、１キログラムあたり１９００クローナで好きに詰めて購入できるようだ。サフランライス、パスタ、チキンに卵、生野菜もある。これは非常に都合がいい。少量のサフランライスとトマトなどの野菜とチキンとゆで卵をパックに詰めてレジに並ぶ。レジスターが重さを量って料金が算出される仕組みのようだ。これは今後も利用させてもらおう。

さて、宿に戻って食事を済ますも、頭痛がひどく、吐き気もある。白夜の影響もあってか体が現地時間にまだ馴染んでいないのだろうか。まだ15時だが一旦寝ることにしよう。早く体を立て直さなければ、このホステルにはあと2日しかいられない。

2023年7月1日

白夜の影響か深夜3時くらいには目が覚めてしまった。しかし横になって目を瞑る。このホステルで無理矢理にでも体内時計を直さなくては自転車旅に支障が出てしまう。気を取り直して二度寝をし、朝6時になったので起きることにした。近所にガソリンスタンドがあったので、そこで朝食にでもしよう。ガソリンはほぼ必要ないのだが、これからガソリンスタンドにはお世話になるはずなので、チェックしておく必要がある。

朝の散歩がてら5分ほど歩いて到着したが閉まっていた。オープンは11時とかなり遅いようだ。看板には旨そうなサンドウィッチが描かれていただけに残念だ。しかし、朝にオープンしていないのがこの国におけるガソリンスタンドのスタンダードだとすれば、かなり都合が悪いことになる。自転車旅中の朝食はどうすればいいのか。宿に戻り「ブレックファースト」と検索してヒットしたカフェは軒並み、早くても9〜10時のオープンと少し遅めである。朝食問題は徐々に解決していくしかなさそうだ。

11時にガソリンスタンドへ戻り「ニューヨーク」というサンドウィッチを注文したが、写真がないので全容が分からない。2400クローナとべらぼうな値段だが、ハーフサイズは1200クローナだった（これでも高い）のでそちらを選択した。ドリンクはもちろんなしだ。若い兄ちゃんが奥で簡単に調理してサンドウィッチを持ってきた。受け取ると結構ズッシリとする。チーズがたっぷりな見た目である。たまらずに歩きながらかぶりつくと、濃厚な甘みと酸味が鼻を抜けていく。甘めのハニーマスタードとマヨネーズといった感じだろうか。程よい硬さのパンに、スライスされた、おそらくビーフが挟まっていて、その上にフライドオニオンとそのソースが絡まり、さらにチーズが大量にかけられている。これは結構いけるぞ。ハニーマスタードベースなのも個人的にかなり好きである。宿に辿り着く前に腹に収まってしまった。どのへんがニューヨークだったのかは分からない。

アイスランドの首都レイキャビークは高い建物が少ない街である。それもそのはず、人口は10万人台なので、私の地元の福島県会津若松市と同程度と考えると、多くの高層マンションやオフィスビルは必要ないのかもしれない。しかしながら、街のどこからでも見ることができる大きな教会があるのだ。

レイキャビークに到着して数日経つが、物資の収集に奔走していたのと体調不良が原因で最低限の外出しかしておらず、普通は真っ先に行きたくなるはずであろう場所に行っていなかったのだ。グーグルマップからでもその教会、「ハットルグリムス教会」とその周辺地がショップやカフェが立ち並ぶ観光街だということが分かる。異国人からすると東京でいうところの浅草といったところだろうか。特に興味もなかったが、あまりにレイキャビークでの滞在が淡白、というか必要な外出以外は寝ていたので、出発前の最終日ということもあり、行ってみることにした。

あいにくの雨だが、30分ほど歩いてハットルグリムス教会に到着した。観光客らしき人が大勢いる。まあ、確かに大きく凄い建物ではある。目の前にはバイキングらしき銅像もあるし、みんなも写真を撮っているので、私も記念に撮影したが、中には入らずに目の前の通りを歩くことにした。免税店やカフェが立ち並び、いかにも観光客向けといったお土産屋がある。店内の商品では毛皮が気になった。無用の長物と思われるが、この寒さではあった方がいいかもしれない。北海道で鹿撃ちをしていたハトコの叔父さんが「獣毛は濡れないから冬などの野宿では重宝する」と言っていた。毛が水を弾くらしいのだ。この国は雨が多いと思われるので候補としておこう。

途中にあったカフェでホットドッグとコーヒーを注文した。この国でようやくコーヒーを飲むことができて安らぎを得る。ホットドッグはガソリンスタンドのサンドウィッチと同じような味付けで、こちらもフライドオニオンがたっぷり、もしかしてこういう味付けが基本なのかもしれない。

　滞在したホステルでは、相部屋となるドミトリーを利用した。おそらくバスツアー会社が経営しているホステルで、利用者の多くはここで宿泊とセットでツアーを利用しているようだ。全体的にかなり綺麗だったのが好印象である。最終日に2階にキッチンがあることを隣のベッドの日本人男性に聞いて驚いた。キッチンがあるのなら買う食材の選択肢がもっと広がったのに、チェックインの時に部屋の番号だけしか聞いておらず、棟内に説明書きもなかったので2階は勝手に客室のみだと勘違いしていたのだ。結局は体調不良でほとんど食べられなかったので、どちらでもいいのだが。

　それにしても、4泊で25000クローナほどだったので、長期滞在は現実的ではない。また、その日本人男性は世界一周旅行中とのことで、これまでに他のヨーロッパ諸国も旅してきたようだ。彼によると、やはりアイスランドの物価は頭一つ抜けて特別に高いらしい。さて、となると気力、体力の他に、問題はやはりお金となりそうである。

海岸線と風

2023年7月2日

早朝4時過ぎだというのに、白夜の日差しがカーテンから覗いている。体調も回復しつつあり、どうやら予定通りに出発できそうである。食料を持って2階に上がり、ケトルでお湯を沸かしてコーヒーを入れる。チェックアウト前の朝食くらいはこのキッチンで食べたいものだ。コーヒーは一番安いインスタントコーヒーで、第一印象は泥のようだった。それ以外に何か調理するわけでもなく、パンにピーナッツバターを塗って食べるだけだ。それにしても、西洋人の使用した後のキッチンは汚い。なぜナイフやフォークをそのままテーブルに置くのだろうかと、横目に見ながら疑問に思う。

そんな中、コンロの隣に大量のバナナが30本ほど置かれている。フリーフードコーナー（旅人が置いていった食料）にある他の食材は、腹痛のリスクなどを考えると手が出ないが、バナナは食べたい。念のためにキッチンにいた一組の夫婦に尋ねるが、彼らのバナナではないらしい。フリーフードかどうかも分からないと言っている。サイクリスト的な服装をしているので、「I need energy.（エネルギーが必要だ）」と眉を寄せた表情で言うと、頷いてくれたので1本頂くことにした。

そのままお湯を飲みながら、夫婦が去るのを待ち、4、5本ほど拝借してバッグに詰め込み、チェックアウトをして、颯爽と雨上がりのレイキャビーク市内へ走り出した。いよいよライドが始まったのである。

道は単純で「ルート1」に沿って北へ行くのだ。地図を見て気がついたのだが、このルート1はアイスランドを一周しているメインの幹線道路で、半分は高速道路みたいなものである。従って、今後はルート1を外れては戻るような感じで一周を目指せばいいことになる。少し郊外へ走るとすぐさま視界が開けた。その景色は自然そのもので、川、池、沼、海、入り江そして山が眼前に出てきた。山は頂上が擦り切られているように平らだ。なぜこのような形になるのだろうか、あの高さには常に強風でも吹いているのだろうか。

晴れ間も見えて絶好のサイクリング日和である。しかし、圧倒的な風景の前にすぐに止まって写真撮影を繰り返してしまっていた。モタモタ走っていたが、さらに休憩所の看板があったので、休憩エリアがどのようになっているのかの情報収集も兼ねて、早めに足を休めることにした。風もないせっかくの天候なので早速、日本から持ち込んだドローンを飛ばしてみよう。空中から確認すると、この休憩所を入り口にしてトレッキングコースなどが配備されているようだ。軽い気持ちでドローンを飛ばしたが、画面に表示される映像は、まさにドキュメンタリー映画に出てくるような映像美であり、度肝を抜かれてしばし夢中になってしまった。

レイキャビークを完全に離れると、道幅も狭まり、対面通行で中央分離帯もなくなった。その頃、急に自転車禁止の看板が目に留まり、やむを得ず迂回をすることにした。まっすぐに行ければ、海底トンネルを走って対岸まで行けるのだが、そうでなければ巨大な入り江、すなわちフィヨルド地形の海岸線沿いを通ることになる。対岸までトンネルを使えばほんの1キロメートルでいいところが40~50キロメートルくらいになるのは、予定が大幅に狂ってしまうが大丈夫だろうか。かなり迂回して、道の上で出会ったスペイン人夫婦のサイクリストに海底トンネルのことを尋ねたら、車が少ないタイミングでなら行けるはずだと教えてくれたが、時既に遅し。

風光明媚。目に入る全てが美しく、横を見れば羊、牛、馬の群れが闊歩していて、そこかしこに小さい湧水、川、滝が溢れている。ペダルを回しながら、これほど豊かな国があるのかと感銘を受けていた。時折、やや大きな滝が現れ、観光客が集まっている。釣糸を垂らす人もいれば、川の水をボトルに汲んでいる人もいて、飲用可能のようで恐れ入る。

それはそうと、風が強くなってきた。海岸線をなぞるのは本当に大変で、向きも変わるため必ずどこかで強風の向かい風を受けることになってしまう。しかもアップダウンも多いのは日本のリアス式海岸そっくりだ。予定になかったルートであり、元の道から数キロメートルの場所に戻るというのは複雑な気分になる。いい景色を見たのだからと自分に言い聞かせてひたすらに進んだ。

夕方近くになり、予定していたキャンプ場までは辿り着けそうにないことが確定した。というのも、風が強すぎるのだ。大袈裟ではなく瞬間では風速20〜25メートルはあるのではないだろうか、これまでの自転車経験と照らし合わせても最高クラスの強風だ。上りに向かい風が合わさるとフラつく速度しか出ないので倒れそうになる。また、横風になると車道側に押されて非常に危険なのだ。初日から災難であるのだが、「もしかして、この風はずっと続くのか」という不安が芽生えていた（半分は的中してしまう）。

小雨も降り出し、寒さに拍車がかかるが、風は止まないどころか弱まりもしない。ボルガルネス（Borgarness）というそこそこ大きな街に来たので、道路脇のレストランに入り、アボカド、チキン、トマトのカリフォルニアサンドというものを注文した。どのへんがカリフォルニアなのかはもちろん分からない。運ばれてきたサンドウィッチにはアボカドとトマトがしっかりと挟まっており、フライドポテトが皿の余白を埋めている。手に持つとパンはほのかに温かくこんがりとしている。そのままかぶりつき、マヨソースに絡まったトマト、レタス、アボカドが口に入ったかと思うと、即座にチキンとベーコンの旨みが口に広がった。コーラは本来必須で一緒に飲みたかったのだが、注文すると高いので食後にスーパーマーケットにて自分で買うことにしたのだ。隣のお客の机の上にはコーラの瓶が並んでいる。瓶コーラ1本に500~600クローナはさすがに出せない。指についたマヨソースを舐めて店を後にした。

本日の寝床にすべく、近くのキャンプサイトへ赴くが、そのキャンプサイトにはシャワーがない。キッチンとトイレはあるが、ほったて小屋のようで綺麗とは言い難い。だが、自転車乗りに選択肢はない。しかも、料金は1800クローナと書いてあり、設備の割に高い。白夜で明るいのだが、これ以上はとても寒くて走れない。本来の目的地である40キロメートル先の場所への到達は既に不可能だ。

ひとまず、キャンプサイトの下見をすることにした。芝の上は濡れるので、キッチンなどの小屋が建っているウッドデッキの端の方にテントサイル（ハンモックのような吊すタイプのテント）を広げて寝ることにしよう。本来であれば木や支柱に固定してハンモックのようにしたいのだが、残念ながら、支点になり得るものがないのだ。

時刻が過ぎるに従って寒くなってきた。アウターの下にダウンを着て寝袋に包まって、やっと寝られそうである。意識が飛びそうになった時に、いつの間にか現れた管理人が声をかけてきたので、1800クローナを払い、そのまま起きて歯を磨いて、今度こそ寝袋に入った。日本から持ってきた自慢のＬＥＤランタンを準備するも、白夜には不要だったかもしれない。この旅で灯すことはないだろう。キッチン周りという場所だけに、人が集まって鬱陶しいが疲れもあってかすぐに寝ることができた。

2023年7月3日

早朝、ボルガルネスのキャンプサイトで目が覚めた。当然の如く白夜なので周囲は明るい。テント内のＬＥＤランタンを見ながら、本当に必要なかったと改めて思ってしまう。それにしても風が強くて寒い。なんとか眠れたが、エアマットと寝袋の耐寒性能的にギリギリというところだろうか。テント内が結露して、寝袋を含めて全体的に少し濡れてしまったのも寒さを感じた一因だろう。テント内から這い出て、テントを覆っているフライシート、寝袋などをその辺の柵に干して乾かしながら、お湯を沸かしてコーヒーを作ることにした。購入したアルコール燃料を試してみる必要もある。時々トイレに逃げ込み、寒さを避けながらの作業となった。

アルコールストーブ内部にアルコールを注ぎ、ファイヤスターターで火花を飛ばすが火が点かない。それもそのはず、アルコールの引火点は12℃と意外に高い。現在の朝の気温は12℃以下だし、金属製のストーブ自体も冷たいので多少手で温めても厳しいだろう。これは物理現象なのでどうしようもない。諦めてストーブを水洗いしようとした時、蛇口からのお湯で加温できないものかと閃いた。偶然にも五徳がカップのようにお湯を受けられる形状なので、アルコールの入ったストーブ本体を湯煎するような形をとることができる。再度アルコール燃料をセットし火花を飛ばしたら見事に引火した。火を点けるために水（お湯）を使うことになるとは滑稽だ。化学的な知識と原理を知っていれば不思議なことでもないのだが、思いつくことができたのはラッキーだった。学問は身を助けるとは良く言ったものである。しかし、不味いコーヒーはどうしようもない。

それと、キッチンの隅にフリーコーナーがあって自転車用のオイルを発見したので頂くことにしよう。早速チェーンに馴染ませる。これで買う手間が省けて節約にもなった。

荷物を撤収して街の中心部に戻ることにした。ガソリンスタンドやスーパーマーケットがあったので、朝食が食べられるかもしれない。8時のオープンまで1時間ほどあるが、強風がとにかく辛い。建屋で風の直撃を防いではいるが厳しい寒さだ。

先ほどはアルコールをうまく点火することができたが、今後のことを考えるとガソリンは必要だろう。引火点で言えば、ガソリンはマイナス40℃とアルコールに比較して圧倒的に燃えやすいのだ。旅の準備で迷ったのだが、結局ガソリンストーブも持ってきておいてよかった。自動車用の給油所に行き、画面の通りにクレジットカードを挿入し暗証番号を入力すると、ポンプの始動音か、ロックが外れたような音がした。ノズルは2本あって一方は黒ラベルに「Diesel」とあるので、おそらくディーゼルエンジン自動車用の軽油、もう一方のグリーンラベルには「95okt」……多分オクタン価のことだろう、レギュラーガソリンかハイオクか……ハイオクのオクタン価はいくつだったかな、97～99くらいだったような気がする。普通に考えてハイオクのみでレギュラーガソリンの販売がないのは考えにくいので、消去法的にこの「95okt」がレギュラーガソリンに違いない。ガソリン用のボトルに少量だけ注入する。３００ミリリットルの購入で、画面には0クローナと表示されたが請求はされるのだろうか謎である。

　オープンしたガソリンスタンドに入り、暖まる。しかし、キッチンが開くのは11時からだと言われて意気消沈した。陳列されたサンドウィッチをレジで買い、席に着いてコーヒーと一緒に食べる。この国ではガソリンスタンドでトースト、卵、ベーコンのような西洋的なブレックファーストを食べることができないのだろうか。向かいのスーパーマーケットでサラミとチーズ、そして2リットルのコーラを購入して街を出発した。風が強すぎるので昨日の目的地だった30キロメートル先のキャンプサイトを目指すとしよう。

　嫌な予感はしていた。走行中に98パーセントくらいは風のことを考えているサイクリストは私だけだろうか。晴天の気持ちのいいスタートだったが、至難の道となった。たったの30キロメートルなのだが右前方からの強風で速度が出ない上に、フラついてまともに走れない。上りでは倒れそうで危険この上ない。まるで台風だ。

それでも目的地までが近いのでなんとか到達することができた。幹線道路を外れて1キロメートルほど進むと牧場か農場のようなキャンプサイトが出現した。スノウラスティディア（Snorrastadir）という場所で、初めに受付のある母屋へと向かった。玄関に貼られた説明を読んでいると、中からオーナーが出てきた。キャンプサイト利用料は3000クローナで部屋泊は5500クローナとのこと。日本的には高いのだが、この国ではそこまで高くはない。昨日はシャワーを浴びていないこともあり、部屋泊で疲れを取ることにした。鍵をもらい、宿舎の方へと向かう。

鍵で部屋泊者専用エリアに入ると、1階にはとても綺麗なキッチンがあって、道具も全て揃っている。2階にも広々とした共用エリアがあり、トイレ、シャワーも綺麗で複数ある。私の部屋には4つのベッドがあったが、今日は人数が少なそうなので個室として利用できそうである。何より静かなので都合が良い。これは大当たりだ。隣の建物にはキャンプサイト組も使える巨大な共用エリアが別にあり、そちらにもキッチンはあるし、2階にはベッドがいくつか並んでいて、個室になっていないだけで、ここでも寝られそうである。安いキャンプサイト利用でもよかったかもしれない。

早い時間にチェックインできたので、これからが忙しい。各種デバイスの充電をしながら、シャワーを浴びて、洗濯し、テントと寝具も天日干しにして乾かす。風が強いので飛ばないように気をつけなければならない。それらを部屋に回収する頃には、既に3時間ほど時間が経ってしまっていた。夕食はハム、チーズ、サラミをトーストで挟んでサンドウィッチを作って、コーラで流し込む。これが至福の時なのである。

宿泊した部屋、荷物を展開して乾燥させる

それにしても、家の中が異様に暖かい。建物は古いが当然の如くアルミサッシなどはない。アイスランドは暖房や蛇口の温水に温泉を利用していると言われているが、この建物もだろうか。それと外観で気がついたのだが、この国の建物には室外機がほとんどない。これが理由で家がシンプルでスタイリッシュに見えているのだろう。厳しすぎる寒さにエアコンなどのいわゆるヒートポンプは機能しない可能性もあるし、夏も暑くないので冷房をかける必要がそもそもないのである。環境のメリットとデメリットをしっかり理解して、受け入れて上手に生活しているようだ。スマートフォンにダウンロードした「風向きが分かるアプリ」によると、明日も強い北風、つまり向かい風が吹くらしい。

ウエストアイスランド

フィッシュ&チップス

2023年7月4日

牧場の宿で目を覚ました。実はベッドがマットレスだけで掛け布団や毛布はなく、自分の寝袋で寝たのだが、それでも自転車乗りの身からすると十分である。随分と後になって気付くのだが、この国にはこのような「スリーピングバッグ・アコモデーション」と呼ばれる寝袋持参のマットレスのみのタイプの安宿がそもそもあるのだ。（accommodation：宿泊施設）

キッチンへ行き、パスタを茹でてトマトペーストを入れる。ニシンの缶詰も開封して、鍋に一緒に放り込んで一煮立ちしたら完成だ。現代日本でニシンはほとんど食べる機会がないのかもしれないが、実は私の好物の一つなのだ。地元の福島県会津若松市では「ニシンの山椒漬け」と呼ばれる郷土料理もあり、そちらも絶品だ。しかし、ニシンといえばやはり蕎麦だろう。帰国の際にはニシン蕎麦を食べに行こうと、ニシンパスタを食べながらぼんやりと考えた。

別の部屋に泊まっていたハーレーダビッドソンで旅をしている老夫婦に挨拶をして宿舎を出て、受付をした母屋へ行き、ベルを鳴らすと男の子が出てきたので、「チェックアウト」と言いながら鍵を渡した。息子さんだろうか。昨日も娘さんらしき女性が宿舎内の掃除をしていた。周りには他に何もない場所なので家業を手伝うしかないのだろう。学校などはどうしているのだろうか。強風の中、幹線道路へと戻り、スノウラステイディアを後にした。

ひたすらにルート54を進んでスナイフェルスネス半島を西へ向かう。この辺りの地域を単に「West」と呼んでいる。おそらく州ではなくエリア分けされているだけだと思う。山からの横風は時折向かい風となって体を苦しめる。それにしてもパーキングなどの休憩スペースが全くない。車で旅をしていたら次の街まで楽に行ける距離なので、設ける必要もないのかもしれない。道端で停まって休もうとしたら、荷台に括り付けていたコーラをドロップしていたことに気がつく……オーマイ、なんて日だ。

ルート56との分岐する三叉路に差し掛かり、建物がいくつか見えてきた。まずはガソリンスタンドとインフォメーションセンターのようなものが出てきた。中に入るもトイレが有料だったので休憩スペースに座りながら暖を取っていた。街を離れてもスマートフォンはしっかりと4G回線をキャッチしている。この国のモバイル回線インフラはかなり強固なようだ。

そこから少し進むと目指していたカフェが出てきた。こちとら既に調査済みで、ここでランチをすることを決めていた。カウンターのメガネを掛けた女性に座っていいかと尋ねてから席に着くと、隣に座っていたファミリーに声をかけられた。先刻、私を車で追い抜いたとも言っている。どうやら彼らもサイクリングをしにこの国に来たらしいが、今日は寒いから乗らないとのこと。

注文自体は決めていた。そう。フィッシュ&チップスだ。イギリスしかり、この国もフィッシュ&チップスは名物らしい。ドリンクはアメリカンコーヒーを選択した。コーラでも飲みたいところなのだが、コーラは自分で買う方が何倍も安いため、カフェなどでの注文はどうもまだ思い留まってしまうのだ。かといってフードだけ注文し、食後に外に行ってコーラを流し込むというのも風情がない。何より外は寒くてコーラを飲む気にもなれない。

程なく、フィッシュ&チップスが運ばれてきた。ボリューミーな外観で胸……いや腹が躍る。ナイフとフォークを使ってフィッシュを切ると、フリッターのような分厚い衣の中に油でテカリ輝く白身が見える。口に運ぶとカリッとした熱い衣がまず歯に当たり、次いでホクホクの白身魚が口の中に解き放たれた。お次はタルタルソースにつけて食べるが、これはたまらん。濃厚なソースを分厚い衣でしっかりと受け止め、魚の風味を引き出している。荒くなった鼻息を鎮めるためにコーヒーを一口飲み、今度はフライドポテトを口に運ぶ。やはり揚げ物は揚げたてに限る。一見普通のフライドポテトだが、よく見るとスパイシーなチリパウダーが僅かにまぶされていた。下品に大量に振り掛けられるわけでもなく、丁寧にちょうどよく、ポテトの旨さが引き立つ分量である。まさに技ありのワンプレートだ。ショーケースのケーキなども注文しようか迷ったが、さすがにここまでヘビィなものを食べた後のケーキは苦しいので見送ろう。店内のトイレで今度は堂々と用を足して、準備をしていると現場仕事姿の青年達が靴下姿で入店してきた。靴が汚いから遠慮して脱いで入店したのだろうが、欧米人の靴と裸足の感覚は未だによく分からない。ちなみに、フィッシュ&チップスとコーヒーで4000クローナほどで、日本では飲み会レベルの出費だろうか。財布の中身も寒い中、さらに西を目指す。

道路脇に何やら標識が出てきた。どうやらアザラシが観られるらしい。監視カメラで見ているから、駐車場代をちゃんと払えとも書いてある。自転車はいくらなのだろうか。とりあえず、道を逸れてパーキングまで行き、自転車を停め、皆が歩いている方へ一緒に向かう。何気に初のアイスランドの海岸だが、整備されているわけもなく大量の海藻で覆われている。龍涎香《りゅうぜんこう》でも落ちてないかなとアザラシ探しよりも躍起になるが、そもそも見ても分からない。

そんな中、岩場の上に細長い白い塊が乗っていると思ったら、どうやらそれがアザラシらしい。一体どちら側が頭なのだろうか。双眼鏡や望遠がないと遠目に表情も分からず、こんなものかといった感じだが、野性のアザラシにしてみれば、休んでいるだけでなぜか人間が見にきている境遇なのだから、サービスしてやる必要もないはずだ。

昨日から分かってはいたが、13時頃から北風が強くなるという警告が出ていて、その通りに爆風が吹き荒れている。西に向かっているので横風でバランスが崩れてどうしようもない。強すぎる風の場合、正面からの向かい風はまだマシで、姿勢を低くすればなんとかなる。しかし、横風はバランスを奪われて正面からの向かい風と同じくらい速度が出なくなる。頭を下げようが横からの投影面積にはほとんど変化がないので、風圧に対しては対処術がないと言える。おまけに交通事故のリスクが跳ね上がってしまう。トロトロと止まりそうな速度で走っているが、無風だったら時速20キロメートルくらいの速度が出る負荷が足にかかっている。

泣きながら走っていると、滝が見えてきた。この国はそこかしこに滝があるので、はしゃいだのは初めだけでだんだんと慣れてくる。というのも、いちいち反応していてもキリがないくらいに多いのだ。しかし、今回のは遠くから見ても立派な滝であることが分かる。近くへ行き、自転車を停めて山道を少し進み、近場で見ると、まさに絵で見たテーブルマウンテンのような光景で、一体どこからその水はやってくるのか。さらに登って滝に近付いている人もいるが、そのような体力は残っていない。ドローンでも飛ばしたいところだが風が強くて不安だ。しかし、絶景だけに少しでも映像に収めたい。悩んだ末に飛ばしてみると、案の定、強風警告がドローンの操縦画面に出て、すぐに帰還せよと指示が出る。山肌に近付けば風は弱くなるはずだ。低い高度を保ちながら接近し、なんとか映像に収めるも自由なアングルでは撮影できなかった。強風で路肩に落とされながら幹線道路に戻る。この先の山を越えれば目的地だ。

鳥に占拠されているサガの街

夕方にアルナルスタピ（Arnarstapi）へ到着した。小さい街だが今夜はここのキャンプサイトで1泊する。「PIZZA」と書かれたレストランがキャンプサイトの受付も行なっているようだ。店内に入って2000クローナを支払い、キャンプグラウンドを散策すると白い鳥の襲撃にあった。普段は「キーキー」鳴いているが、攻撃時には低い声で「クケケケ」と鳴く。実際に頭を小突かれ、白いオシッコをかけられてしまった。キャンプグラウンドの半分は奴らの縄張りになっている始末で困ったものである。縄張り外のトイレなどのある建屋を風除けにテントを張ることにしてシャワーを浴びに行くが、有料のシャワーだった。数分しか使えないとなると逆に体が冷えるだけかもしれない。ウェットティッシュで気になる部分を拭き、洗面台のお湯で顔を洗うだけにした。

近くにいくつかレストランがある。客の少ないカフェに入り、一番高いラムフィレットとアメリカンコーヒーを注文した。これで6000クローナほどである。みるみる店内が混み出して活気が出てきた頃、「エンジョイ」と言いながら、ウエイターが運んできてくれた。そのプレートにはフライドポテトと生野菜、そして2切れの肉塊が載っている。よく見るとソースが二つある。一つはサウザンオーロラソースのような感じで、フライドポテトにつけるのだろう。フォークで少し舐めてみるが普通のソースだ。もう一方のソースは茶色い見た目をしている。ソースだと思うのだが、と同じように一口舐めると衝撃が走った。なんという濃厚なソースだ。これ単体でシチューだと言われても疑わないだろう。

要するにソースだけで旨いのだ。ベースが何なのかは全く分からないがクリーミーでまろやかだ。手が勝手にフィレ肉を切り、ソースに絡めて口へ運ぶ。臭みが全くなく、赤みの多いラム肉が濃厚なソースと絡まって食べ応えが何倍にも広がる。初めの一口はソースなしで食べようと思っていたが、このソースの誘惑には勝てなかった。そしてこんなに美味しいステーキは食べたことがない。フライドポテトと付け合わせの野菜とブルーベリーで

アイスランドのラム肉は臭みが全く無い

落ち着きを取り戻し、肉を観察すると、塩胡椒でしっかり味がつけられている。それに外側はかなり強めに焼かれており、内部はミディアム寄りだが、赤い部分が残っている。それだけでも十分に美味しいのだが、やはりソースだ。夢中になって一瞬で平らげてしまった。少々お高いが、日

本ではなかなかにお目にかかれない品だけに大満足だった。

　さて、寝るまでどのように過ごそうか、このキャンプサイトはキッチンスペースなどはないので寒いのだ。テントの支柱となるものがないので、床置きで真価を発揮できない。専ら寝るだけのスペースになってしまうのでテント内で過ごすことはできない。暖を取るために別なレストランへ行くことにしよう。

　鳥の攻撃を受けながらキャンプサイトを横切り、キャンプサイトの受付をしたピザレストランの建屋に入る。注文しないわけにもいかず、一番安いシンプルなピザ（3000クローナ）を注文した。店員の青年が目の前で生地を捏ねては焼いている。ドリンクはなしで水だけにして席にて待つ。出てきたのはトマトソースとチーズ、そして真ん中にバジルが見える。焼きたてなのが嬉しい。1カットを手に取ると生地は薄めだがしっかりと厚みはあって、それでいて硬い。硬いパンが好きな私にはもってこいだ。さすがにこれ以上は食べられない。歯を磨いてテントを張って寝ることにしよう。それにしても一日で15000円ほどを食費にしてしまった。

2023年7月5日

アイスランド西部、アルナルスタピのキャンプサイトで目を覚ます。時刻は4時頃で恒例の二度寝をする。相変わらず風は強いがテントも吹き飛ばされず、エアマットや寝袋がうまくはまったので快適に睡眠できた。いい具合に風が入ってきていたので結露も少ないようだが、立て掛けていた自転車は倒れていた。

全ての道具をシャワールーム、つまりトイレへ持って行き、暖かい屋内で撤収作業をする。朝食も手持ちの食料で水面台で済ます。あとは外気温が上がるのをひたすらに待つだけだ。昨日から見る、アジア人のご夫婦は台湾からきたようだ。自転車で一周には40日くらいはかかるかもしれないと伝えると、驚いていた。

外は寒いし強風だが、出発することにする。本日の目的地はオラフスビーク（Ólafsvík）という街で50キロメートルほどしか離れていない。と言っても強烈な風が吹いているので、負荷的には100キロメートル相当のイメージだ。

昨日は見に行かなかったが、街のモニュメントを拝みに海側へ向かうも、どうしようもなくベギー（白い鳥：鳴き声から名付けた）の攻撃を受ける。この街はベギーに完全敗北していると言っても過言ではない。徒歩や自転車で移動したら彼らに襲われてしまう。日本社会でもクマなどの野生動物が人間のテリトリーに侵入してきている事件が増えているが、この最果てのような場所でも縄張り戦争が勃発しているのだ。

海に対し石を積み上げた人型と思われるモニュメントが築かれている。説明書きはよく分からないが、どうやらこの街は「サガ」（現存する中世アイスランドの物語群、詩、日本の古事記のようなものか）の街らしい。トロルや妖精などがいた時代、どこぞの誰かが、このアルナルスタピに移住したとかなんとか。とりあえず「サガ」なのである。「サガ」を感じればいいのである。絶壁になっていて、海にはアドベンチャーカナダという文字の入った船が見えた。北大西洋を挟んでカナダからのツアーがあるのだろうか。

街が眠りから覚める前に発つとしよう。街を見下ろす岩山の側には薄っすらと虹が出ている。白夜の夜明けに虹とは粋じゃないか。ウエストアイスランド、スナイフェルスネス半島を回り込んで北側へ向かう。

港町のオラフスビーク

本日も強力な風が吹いている。海外のローカルを自転車で走行すると脳のリソースが95パーセントくらい解放される。なぜなら一本道だからである。ペダルを漕ぐことしかできないし、ある意味で急ぐこともできないのだ。しかし、その余裕で考えていたのはもちろん、連日の如く私を殺そうとする目の前の「風」のことだ。なぜこうも風が吹くのだろうか。緯度が高いと風が強いのだろうか、地軸との半径が短いから遠心力が強いのか、いや、

溶岩原、苔のような植物が表面を覆っている

大気の重さが微小なら低緯度でも変わらない気もするなど、意味もないことを考えていた。インターネットで検索すれば出てくるのかもしれないが、分かったところでどうしようもないから正解なぞ知らなくてもいい。むしろ真実を知っても絶望が深まりそうで怖い。

やがて、道の脇にたいそう立派な看板が出てきた。ナショナルパークと書いてあるから国立公園というやつだろう。確かアイスランドはナショナルパークでのドローン飛行は禁止されているので気をつけなくてはいけない。それにしても、見渡す限り辺り一面が、流れ出た溶岩がそのまま固まり、苔に覆われているということが素人にも分かる。まさに奇岩群という雰囲気で右手の山から左手の海まで続いている。その一部分に舗装路を敷いたという感じだ。ところどころに鳥はいるが、地を這う小動物は全く見当たらない。本当に過酷な土地なのだろう。

溶岩原を抜けると、すぐにヘリサンドゥル（Hellissandur）という街が出てくる。国立公園の手前の街ということになる。端正な街で、綺麗でどこか品がある。そんな印象の一方で、奥の方にはストリートアートが描かれた建物も多い。「アイスランドのストリートアートのメッカ」と記載されているのでその道では有名なのだろう。適当に見て回るが、芸術的センスは皆無なため、「へー」としか思えないのは残念だ。

幹線道路沿いにカフェが1軒あるので、そこで昼食を取ることに決めていた。ちょうど昼時で、街にカフェはこの1軒くらいしかないので旅行者で大変混んでいる。フィッシュスープとコルタード（エスプレッソ＋ホットミルク）を注文して席に着いた。顔の小さい美人店員が忙しそうに店内を右往左往している。

やや赤みのあるスープが四角の器に入ってやってきた。このスープとパン二切れで2300クローナほどである。店内に人が多いので、一応あまり啜らず、音を立てずにゆっくりとスプーンで口に運ぶと、一気に目が開いた。これも美味しいぞ。魚のスープというとアラ汁などを日本人はイメージして味噌や醤油でさっぱり仕上げたいところだが、濃厚に作り込むのも悪くない。魚臭さなどは全くなく、野菜の旨みと合わさってクリーミーに上手に仕上がっている。パンにつけてもいいが、パンには付属のバターをたっぷり付けて、スープはこれだけで頂こう。フィッシュスープ、ラムスープ、ベジタブルスープなどたまに見かけていただけにスープ系は気になっていたのだ。これは他のスープも試したくなる。カウンターのケーキも美味しそうで注文を迷ったが、店内が非常に混んでいたのでケーキは次回、別な店でとした。あと10キロメートルほどで目的地だ。

程なくして到着したのは、オラフスビークという港町だ。人口は970人で、日本では限界集落のイメージだが、スーパーマーケットもホテルもあるし、ガソリンスタンドも2軒ある。この国では比較的大きな街と言える。まずはキャンプサイトへ行き、色々と確認すると、下調べ通り、キッチンもトイレもシャワーもあって申し分ない。さてどうしたものか、一方で道路脇にはホステルなどもある。調べてみると結構安い。日本円で8000円ほどで宿泊できる。迷った挙句、その場でホステルを予約、立地の良さをとってそのホステルのドミトリーに1泊することにした。スーパーマーケットで最低限の食材を購入してホステルへ向かう。出迎えてくれたのは大きな体の男性で、チェックイン時は一通り丁寧に説明してくれた。それにしても部屋全体が綺麗だ。案内された十人相部屋のドミトリーも広く、ベッドの上にはご丁寧にバスタオルまである。最終的には私を含めて3人になるのだが、非常に快適だった。綺麗で広いキッチンを横目にシャワー室へと向かう。昨日も水を浴びられなかっただけに待望である。シャワー室を開けて愕然としたのは、バスマットが敷かれていることだった。日本では当たり前かもしれないが、海外でこのようなことは滅多にない。なんというホステルだ。しかもボディソープまで完備されているし、誰かが置いていったのかフェイシャルソープもある。スクラブがなんとか書いてあるから、今の私に最も適しているだろう。全身スクラブといこう。

シャワーが終わってトイレに行って気がついたが、洗濯機まであるではないか。これは使わせて頂きたい。ちょうど、受付のオヤジが入ってきて、洗濯物を取り出している。このオヤジ、洗濯機のドアのパッキングについた水気まで気になるのか、紙で拭き取っている。洗面台の水気も丁寧に拭いている。この異様に綺麗なホステルの原因は、この潔癖オヤジだったようである。洗濯機の使用方法も教えてもらい、サイクルウエアを放り込んでスイッチを押す。アイスランドで初の洗濯機利用となった。

さて、食事は持っていたパスタとトマトソース、そして匂いがバッグ全体に染み出していたサラミを入れて食べることにした。どんな味になるか不安だったが、トマトとサラミの相性はイタリアが証明していることもあってか、少しスパイシーなスープパスタとなって美味しかった。

食事をしているとフリーフードコーナーにライスがあることに気がついた。この国に来てほとんど米を食べていない。ということで、買ってきたベーコンと一緒に炊き込み、追加の食事としよう。置いてあった醤油をかけて食べると十分に美味しかった。デザートにヨーグルトを食べ終え、歯を磨いてベッドに潜り込んだ。このホステルでさらにもう1泊してもいいかもしれないと頭をよぎるが、それは明日になってから考えることにしよう。

2023年7月6日

アイスランド西部、オラフスビークという港町のホステルのベッドで目を覚ました。時計を確認すると朝の6時になっていた。今まで白夜の影響で、朝方1~4時の間に必ず目を覚ましていたのだから驚きと共に睡眠の満足感に包まれた。この部屋はブラインドがしっかりしていて部屋がそこそこ暗い。さらに掛け布団も厚いので、頭から被るとかなり暗くなるのが理由だと思う。

さて、寝る前に悩んでいたが延泊することにした。街がコンパクトにまとまっており、スーパーマーケットも近いので便利なのだ。しかも、この次の街ではフェリーに乗る予定であり、距離と予約の都合上、明日出発した方が良さそうなのだ。そして風も正面からなのは変わらないが、明日は少し弱まるとの予報である。これまで距離は全く稼げていないが負荷はそれなりにあるはずなので、オフ日にして明日に備えるのも悪い戦術ではないだろう。早速、受付で延泊を申請すると1泊6500クローナだと言われた。昨日よりも安

オラフスビークの街並み

くなったではないか。
朝食は余ったベーコンを全部フライパンで焼き、ご飯と一緒に平らげた。まさにベーコンステーキである。午前中はダラダラと各種連絡や動画のコピー、ブログを書いたりして過ごした。
午後にはスーパーマーケットへ行き、色々と迷った挙句、ラムステーキ（400グラム）とトマトとリーフ野菜、ヨーグルト、そして行動食にキャラメルとパンを購入した。明日の朝までに食べ切る必要もあるのでこんなものだろう。卵も食べたかったが6個パックでも食べ切るのは難しいので諦めた。2泊する決断を早めて、昨日買っていればよかったのだが、何かと不自由な自転車旅において完全栄養食品を逃すのは悔やまれる。
ホステルに戻り、フライパンでひたすらにラムを焼いていると、スタッフが飛んできて煙が出すぎだと注意された。即座にそこかしこのドアを開けている。電気コンロの上を見上げると換気扇はなかった。焼くという工程はバーベキューでのみ実施するのだろうか。北欧のおしゃれな皿（イケア）に盛り付けて完成だ。それにしても、アイスランドのラム肉はクセが全くなくて美味しい。

夕方には街近くの滝を見に行くことにした。綺麗な滝が多く、既に珍しくもなくなってきているが、歩いていける距離なのでドローン撮影も兼ねて行くことにしたのだ。途中にあるガソリンスタンドをまだチェックしていなかったので入店して店内を見渡す。スマートフォンの充電器や充電ケーブルが３０００円近くもする。予備も含めて日本から持ってきておいて本当によかった。

店を出ると、白いゴミ袋を持っている少年に声をかけられた。家業なのかこのガソリンスタンドでお手伝いしているようだ。話を聞くと、パンが廃棄前だからあげるという。なんということだ。ありがたく頂くことにした。惣菜パンや甘そうなパンが大量に入っている。推定購入価格は７０００円と見た。これはありがたい。綺麗な心を持つアイスランド少年と勿体ない精神を持つ日本人の自分が運命的な出会いを果たしたのだ。廃棄にもコストがかかるので完璧なWin-Winの関係である。これはもう「サガ」だろう。よく分からないが、きっと「サガ」に違いない。それにしても「サガ」って何なのだろうか、ロマサ

少年から廃棄前のパンを頂いた

ガ（スーパーファミコンのゲーム）くらいしか分からない。

　街から見える滝の近くまでやってきた。このような景勝地にしっかりと道が整備されているのは海外のいいところ。早速、ドローンを飛ばして滝を観察する。鳥から攻撃を受けないかが不安だが迫力ある画《え》を撮ることができた。下から見上げると毎度のことながら、一体どこからこの水がやってくるのか疑問に思う。ドローンで上空から見れば一目瞭然なのだが、滝の上にはさらに広大な大地が広がっていた。当然、この辺の源流は遠くに見える氷河になるのだろう。もらったパンを食べながらホステルに帰り、夕食には昼食と同じラムステーキを食べ、落ち着いた昼下がりを過ごした。それにしてもいい宿だ。

鮫博物館

2023年7月7日

オラフスビーク3日目の朝である。朝5時に目を覚まし、簡単に朝食を済ませて、着替えと荷造りを開始する。予報通り風はあるものの弱まっている。天候は快晴なので出発を少し遅らせてみようか、一気に気温が上がるはずだ。

チェックアウトをしてペダルを漕ぐと、数分で街を抜けてしまった。先述したが、この街の人口は970人しかいない。それでも幼稚園や学校、運動施設や病院もあって綺麗な状態で維持されている。スーパーマーケットやガソリンスタンド店内の棚はスカスカではなく、商品がしっかりと並んでいる。公園で遊ぶ子供達も普通に見かけた。それでいてローカルな時間が流れて平和そのものだ。一体どのような仕組みで街が維持されているのだろうか。それなりに苦労もあるのだろうが、日本ではあり得ない街の姿だろう。

この国にいると、どうしても日本と強烈に比較してしまう時がある。自然環境を資源や観光として評価すると、日本とアイスランドは同じくらいのポテンシャルを有していると思うが、1000人規模のこのようなモデルの町はないだろう。日本は技術的にも水力や地熱、温泉の利用はお家芸のはずだが、なぜ日本ではできていないのだろうか。疑問を抱えながら去ることになったが、こういった思考をする時間がたっぷりあるのも自転車旅の魅力だ。運が良ければ答えに巡り合うことができるだろう。

フィヨルドの海岸線はアップダウンの繰り返しのようだ。海抜の低い低地に街が形成されるから、街を出るとすぐに上りになるようなのだ。確かにオラフスビークに入る前にも山を登り、最後は下って街に入ったことを思い出す。

そんなことを考えながら登っていると、頂上付近にパーキングが出てきた。ベンチがあるのはありがたいが、アイスランド政府様には「東屋」的なものを用意してもらいたい。風除けがないと寒いのだ。さらにトイレも欲しいのだが、維持が難しいのか街中以外で公衆トイレは見たことがない。仕方ないので道路から見えにくい崖の方へ行って用を足す。辺りを見ると、小さな電波塔が立っている。隣に小型の風力発電の羽根が回っており、ソーラーパネルも少しついている。小さめの電波塔への電源を供給するくらいなので、それくらいでちょうど良いのかもしれない。

これだけ風がある国なのに大掛かりな風力発電所を見たことがない。風が強いからこそ、あのような物を建設して、駆動部のメンテナンスをし続けるのは大変なコストだろう。さらにソーラーファームなどの大規模太陽光発電施設も風に飛ばされそうだし、曇りだけでなく極夜もあるこの国では安定性の観点から確かにセンスがない。何より景観が悪くなるので観光資産を傷つける点もデメリットなはずだ。

道沿いのコーヒーショップに立ち寄る

それにしても、この西部の景観は圧倒的だ。ジュラシックパークとして即時開園できそうな雰囲気である。恐竜すらその辺に生きていそうである。そう思わせるほどの光景だ。

午前10時前にグルンダルフィヨルズル（Grundarfjörður）という街に到着した。風はあるが弱く、自転車も時速15キロメートルは出るようになってきたのでなんとか距離を稼げる。さて、到着も早かったのでカフェもオープン前かと思い、街を素通りしようとしたが、道沿いのコーヒーショップがオープンしていたので入店することにした。それなりに寒いため、温かい飲み物を頂きたい。コーヒーが飲みたいと伝えるとメニューを渡された。こちらに来てまだホットチョコレートにトライしておらず、飲んでみたいと思っていたが、「Coffee.」と言ってしまった手前、チョコレートを注文するのもな、と変なプライドが出てアメリカンコーヒーを注文してしまった。次は「メニューはどこ?」と聞くことにしよう。この好機を逃したため、ホットチョコレートを飲むのはかなり先になってしまった。

アップダウンを繰り返しながら順調に進むと、シャークミュージアムという看板が出てきた。鮫か。目的地のスティッキスホールムル(Stykkishólmur)まではあと20キロメートルと遠くないので、寄り道することにしよう。

幹線道路を逸れて数キロメートルほど進むと、牧場兼シャークミュージアムが出てきた。建物へ入ってすぐに大人一人1800クローナを支払い、展示室へ行った。昔の船やトラクター、漁具、農具、雑貨などと鳥類の剥製や鮫の骨などなど、色々と展示されている。女性スタッフが入ってきて、動画を再生しながら説明が始まった。こういう時にずっと喋って説明できるスキルは本当に凄いと思う。日本人は動画を見せる時間を設けてしまうものだが、それにしても、ずっと喋っていてむしろディスプレイを見る隙がない。

3割くらいしか理解できなかったが、この施設で鮫の発酵食品を作っているようなのだ。多分だが、何も添加せずに自然発酵、乾燥させるらしい。鮫の解体はクレーンのような機械で「吊し切り」にして行なっていたが重労働そうだった。伝統的な食品だが、アイスランドでもこの地域だけだと言っていた。まさに珍味と言ったところか。その他には、実物の鮫肌を触らせてくれた。皮膚に硬いスパイクが設けられていて、その突起が一方に突き出しているのは推進の邪魔にならないためだろうか。そのため、一方になぞるとスルッといくが、逆方向では引っ掛かる。昔は靴底に貼って氷道で滑らないように簡易アイゼンとしたり、そのままサンドペーパーとして利用していたらしい。しかし、一方で日本人はワサビをおろすために使うのである。となぜか心の中で勝ち誇った。

そしてその鮫発酵食品の試食も行った。解説で「アンモニア」と言っていたので恐る恐る嗅いでみるが、理科の実験で嗅いだアンモニアよりはマイルドだった。身は柔らかく、風味はスルメに近い。少し臭い柔らかいスルメといった感じだ。日本人にはそこまでキツくはないだろう。栄養成分はタンパク質、脂質、水分がほとんどらしい。その他ミネラルは魚介らしい感じだ。食物連鎖的に上の方だからかミネラルは濃縮されるのだろう。特にセレンが豊富らしい。

説明の後は、実際に干してある鮫肉を見に行くことにした。新潟県村上市の新巻鮭みたいな光景といえば良いだろうか、大量に吊されている。スモークされているみたいな色になっているが、「ノンスモーク」と言っていた気もする。臭いもあるがそこまでキツくは

干された鮫肉、鮫肌を釘に引っ掛けて吊している

ない。肉は鮫の皮を釘に引っ掛けてあり、自重で裂けたりはしないところを見るとなかなかシャークスキンは強靭なようだ。鮫自体はグリーンランドシャークという種らしい。

晴天の中、快調にペダリングしていると金属音のような音が響いた。ネジか何かをタイヤで跳ね上げたのだろうか、よくあることでもあるので、そのまま進もうとしたが何か気になったので引き返すことにした。道路上に金属光沢らしく光るものがある。拾い上げると、なんと自分のGPSキーホルダーだった。腰のポーチに入れていたはずだが。慌ててポーチを確認すると穴が開いているではないか。縫い目から裂けている。昔からそうだが、鞄類には無理に物を詰め込んでしまう癖がある。このポーチはオーストラリアを自転車で旅した時にも使用したのでかなり摩耗していたのだろう。中にはスマートフォン、クレジットカード、パスポート、現金などを入れていたが、幸いにして他のものは落としていなかった。今後は予備の折り畳みザックをポーチ代わりに使うことになるのだろうが、ザックを背負うとどうしても背中が蒸れてしまう。

15時台にスティッキスに到着した。街の入り口にキャンプサイトがあるので、そのまま一晩でチェックインした。洗い場付近に向かうと、自転車旅をしている親子が寡黙にパスタを作っていた。父親と息子の二人旅のようだ。アイコンタクトと挨拶だけをして私の方は行動食を食べながら、隣のベンチに座って予定を考えていると、父親の方から話しかけてきた。他愛のない自転車旅行者同士の会話だが、息子は14歳で出身はイタリアだと言っていた。父親の方は40歳くらいだろうか、こんなにも寡黙なイタリア人もいるのだな。確かに自転車旅をする人間は属性的に一人が好きだったり、喧騒を避けたりするタイプは多いが、イタリア人でここまで静かな人は珍しい気もする。もちろん全イタリア人が陽気なタイプではないだろうが。

「今からプールに行ってみる。日本の温泉みたいだといいな」と伝えると、

「楽しんできてくれ。そうだ、名前は?」と聞いてきた。

「ユウスケ。あなたは?」と聞き返すと、

「ジョーだ」と彼は答え、

「よろしくジョー。ではまた後で」とお決まりの挨拶をして、洗い場を後にした。

簡単だが、これくらいの会話が心地いいのだ。

プールはキャンプサイトの隣なので突き抜けて歩くと5分と近い。大人一人1200クローナとあるので受付で支払う。「初めてなんだけど、教えてくれ」とスタッフに言うと、何やらキーを渡してきた。よく分からないがロッカーのキーになるのだな。

実はアイスランドのプール施設には温泉をそのまま引き込んでジャグジーにしているものがあるらしい。水着は必要なのだが、それはもう「温泉」ではないのか。海外で湯船に浸かれるとは俄に信じ難いが、その真偽を確かめようではないか。

ひとまずゲートを通ると、水泳教室のような感じでロッカーエリアが現れた。手元のキーを見ても番号はないし、ロッカー側にも番号はない。となると任意の緑ランプのロッカーを使うのだろう。試しにロッカー側の鍵部分にキーを当てると、ピッと音が鳴った。そこでつまみを回すとロックが掛かりランプは緑から赤になった。他のロッカーのつまみを回してみるが回らない。このキーはやはり電子キーで間違いなさそうだ。問題はここからだ。ここで着替えるであろうことは分かるのだが、全裸になってもいいのだろうか。とりあえず他に客がいなかったので、自転車ウエアを脱ぎ捨てて全裸になって水着になり、タオル代わりの手拭いを持って先に進む。次のコーナーに進むとトイレルームだったので小便をして次へ向かう。するとシャワールームが出現したので存分にお湯シャワーを浴びた。室内プールを横切って、いよいよ屋外プールへと差し掛かった。メインのプールの奥の方にキッズプールがあって、その隣にジャグジーらしきものがある。一目散に向かう。「40～42℃」と張り紙が貼ってある。足を入れてみると温かい。どことなく温泉の香りもするではないか。すぐさま首まで浸かり、天を仰いだ。外は快晴で眩しくて目も開けられないが、なんという心地良さだ。水着を着ている以外は温泉そのものである。壁には丁寧に成分表も書いてある。ほぼ中性の温泉で硫黄も含んでいた。

時に半身浴、足湯もしながら久しぶりの長湯を楽しんでいた時にあることを思いついた。禁断の「潜り」ができるのではないだろうか。なんと言ってもここはプールなのだから。日本の温泉浴場では禁忌でタブー、御法度中の大罪である。潜って髪の毛をディップして洗ってしまいたい。最早、ここまで来ると、してはいけないことをやってみたいだけである。念のため、周りを見渡してから息を止め、一気に潜って水中、いや温泉中で息を吐き、温泉に沈んだ。ご想像の通り、ただ潜っただけとなった。分かっていたような気もする。別になんてことはなかった。日本はなぜ禁止してるのだろう。頭を洗ったらいいのではないか。むしろ洗った頭の方が綺麗なのではないだろうかという新たな疑問が噴出したのは次のステージへ進んだ証拠なのかもしれない。

　ジャグジーから上がり、この後はまたシャワーを浴びるのだが、どのタイミングで下を脱げばいいのだろうかと思いながら、シャワールームへ向かうと、キッズプールでベイビーと一緒だったタトゥーの入った大柄なパパさんが全裸でいた。温泉大国日本の裸の大将が負けてはいられないと勇んで下を脱ぎ捨ててシャワーを浴びる。大柄なパパさんに対して、「この国で初めてのプールだ。最高だぜ。日本の温泉みたいだ」と珍しく話しかけたのは、少し不安だったからかもしれない。その後に入ってきた青年は個室トイレでしっかり水着に着替えてシャワーを浴びていた。

　水着用の脱水機があったので水着と共にサイクルウエアをシャワーで手洗いして脱水する。工学的には遠心分離というやつで効果は抜群だ。あとはその辺に干すだけですぐ乾くだろう。

　プール施設の向かいには「ボーナス（Bónus）」という激安スーパーマーケットチェーンがあったのでハム、チーズ、キャラメルを買った。キャンプサイトに戻ってガソリンストーブで湯を沸かし、トマトソースを入れてパスタを茹でる。最後にオイルサーディンを載せて完成だ。オーストラリアでも食べていた定番メニューで淡白だが、意外と飽きないのだ。

洗い場に人が集まってきて騒がしくなってきたが、テントを張って寝るとしよう。木のないこの国では自慢のテントサイルも床敷きが多くなってしまう。西陽が強く明るいが黒いダウンを顔に掛けて光を遮った。

Iceland Bicycle Solo Trip

ウエストフィヨルズル

フェリーでバイキング気分

2023年7月8日

寒さで目が覚めたのはアイスランド西部、スティッキスホールムルのキャンプサイトだ。とりあえず、テントから出てトイレに逃げ込んで暖を取る。なるほど、白夜とはいえ北を回って東に太陽が移り、寝床が完全に日陰になったのだ。気候の分類は全く違うが、日陰だと異様に寒くなる特徴は砂漠地帯にとても似ている。

朝は音が静かなアルコールストーブで湯を沸かしたい。マッチを手に入れたので火炎を近付けてアルコール表面の温度を上げてやれば外気温が引火点より低く、冷え切ったアルコールにも点火できるはずだ。目論見通りに今度はしっかりと火が灯ったが、明るいのでアルコールの火炎は見え難い。コーヒーとパンで朝食を済ませ出発準備を整える。この日は15時にこの街から出るフェリーで地図上では北へ、対岸のウエストフィヨルズルというエリア（アイスランドの北西部）に乗り込むのだ。バイキング魂を感じるには船に乗らなくてはいけないのだ。決して自転車が辛く、風が嫌で楽をしたいわけではないとだけは言っておこう。フェリーポートまでは歩いても15分くらいなので、時間は大幅に余裕がある。

朝食を作っているイタリア人のジョー親子に挨拶をして、フェリーポート周辺へ自転車を押して歩いて向かった。途中のベーカリーがオープンしていたのでサーモンサンドとコーヒーを注文した。モーニングにオープンしているのは珍しい。もしかするとベーカリーを探せば朝食にありつけるのかもしれない（これは多分正解）。

港に到着して散策してみると、緑の電動ボードが乗り捨てられている。これは「Hopp」というサービスでレイキャビークだけではなく、オラフスビークでも見ることができた。この街にもあるとなると今後使うこともありそうである。アプリをダウンロードして初期設定をしてライドしてみよう。アプリ操作も分かりやすく、地図に表示された近くの電動ボードをタップすればいいみたいだ。ハンドル近くのスマートフォンをはめ込む場所に雷マークがあるので置いてみたら充電された。なんというサービス、これだけでも利用者にはありがたいかもしれない。電動ボード自体の操作も簡単で、左右のレバーがブレーキ、左手親指でウィンカーを出すことができ、右の親指でアクセルレバーを動かす仕組みのようで簡単だ。目視できる埠頭の灯台の元まで行ってみよう。最初にバランスを少し崩したが慣れれば簡単だ。颯爽と風を切り、親指のみで加速するとは自転車を捨ててこのまま一周してしまおうかと思ったほどだが、精算すると270クローナもかかったので予算計画的に頓挫した。乗ったのはほんの2分くらいだから日本人的には高いと思わざるを得ない。むしろバスや電車で一駅くらいなら日本の方が安いのではないだろうか、日本の交通機関が優秀なのか、色々と破綻しているのかが分からなくなってきた。灯台まで階段を上って高台からスティッキスの街並みを眺め、歩いてターミナルに戻った。

近場にフィッシュ&チップスとアイスクリームの屋台があるので、そこで昼食にしよう。周辺で他にはリッチそうなレストランしかないので、昼食時には多くの観光客がこの屋台で腹を満たすことになる。家族連れの子供からイカついバイクでツーリングしているオヤジ達まで客層は様々だ。どうやら揚げたてが提供されるらしく、値段は高いがこの点だけは評価できるのがフィッシュ&チップスだ。注文して番号の書かれたレシートを受け取る。席に座って待っていると、「○○という名前の映画を知っているか?」と対面に座ったオッサンが唐突に聞いてきた。

「ノー」と言ったところで、屋台のオヤジに呼ばれたのでフィッシュ&チップスを受け取りに行き、話の続きがあるのかとオッサンを少し見たが、それきりだった。題名は忘れてしまったが、聞いてもピンとこなかったのでやはり知っているものではなかったのだろう。

揚げたてのフィッシュ&チップスにライムが付け合わされている。ライムは前回食べた時も添えられていたので必須のようだ。それを絞りかけてひたすら貪る。かじりついて露わになるホクホクの白身魚は視覚的にも食欲をそそる。ポテトはベーシックに塩のみのようだ。どちらも熱いうちに頬張るのが正解だろう。一気に平らげて、隣のアイスクリームの屋台へ向かい、ピスタチオアイスを注文した。こちらはピスタチオをしっかりと盛り込んで作ったという感じで、味

屋台で食べる熱々のフィッシュ&チップス

だけ調《ととの》えましたという風ではないのが好印象だ。大手チェーンのようだが、今後もお世話になることだろう。いつの間にか、埠頭には小型のフェリーが接岸していた。

15時15分
発：スティッキス（Stykkish）
行：ブリャンスレークル（Brjánslækur）

この便に乗船となる。車が続々とフェリーに飲み込まれていく。船員にチケットを見せるだけでオーケーだった。そのまま自転車で乗り込んで壁際に自転車を固定した。オートバイの人は床からロープを張り、ラチェットでテンションをかけて固定していた。この旅の直前に普通自動二輪の免許を取得していたので、波でバイクが倒れたりしたら大変だからなと、その気持ちが少し理解できるようになっていた。自転車は紐1本で結ぶだけだし、料金は自転車込みで1000クローナほどと、日本比で物価の割には高くはない気がする。自転車とフェリーの相性は本当にいい。2時間ほどの乗船なので、日本で言うところの佐渡汽船の新潟—両津航路とスケールも雰囲気もほとんど同じだ。船内には軽食カフェもあるので後でバーガーでも食べようか。ひとまずデッキに出てみよう。

時刻になったようで、離岸が始まった。さて、アイスランド西部スナイフェルスネス半島をしっかりと走った。このエリアを離れて、これから一気にウエストフィヨルズル（アイスランド北西部）に乗り込むのだ。スティッキスの街を見送りながら、気分は猛々しく、まさにアイスランドを開拓したバイキングにでもなったようだ。到着する港は周囲に何もない場所である。その後は南下するか、北上するかを船内で考えなくてはならない。

「方角よし！」操船は手下に任せて船内サロンへ戻るとしよう。

程よい揺れが原因なのか、フィッシュ&チップスの食後だからか、座席に座ると急に眠気が襲ってきた。この座席は肘掛けもなく、3席ほど使えば横になって寝られるので少し仮眠するとしよう。今日は走ってはいないが常に疲れがあるのが自転車旅なのだ。

白夜ヒルクライム

目が覚めると乗客がいなかった。正確には数人だけ同じ部屋にいるが様子が変である。こちらを見ているようだ。さらに、船も泊まっているようだ。そうか、途中の島で一時下船ができるみたいな情報もあったから、その島に着いたのだろう。しかし、時間を確認するとなんと18時を過ぎていた。到着予定時刻を少し過ぎている。パニックになり慌てながらも急いで、自転車を停めた格納スペースへ向かうと、なんと車が逆向きに停車されている。船は既に到着し、車の入れ替えまで済んでしまっていたのだ。乗船時のオートバイや他のサイクリストの自転車もない。その場にいた人に「降りたいんだ！」と伝えるも、寝起きだからか自分でも訳が分からない英語を話している。

「降りられるぞ」とだけ聞いたので、急いで紐を解いて自転車を押して出口へ向かう。幸運なことに船のハッチはまだ開いたままだった。上陸して、とりあえず自転車を停め、辺りを見回して状況を整理する。スマートフォンの電波もあったので調べると、やはり目的地に到着していた。なんということだ。バイキング気分どころか完全に寝過ごしてしまっていた。船内に戻ってからは海上の景色など見ていない。昔働いていた会社でお昼休憩に仮眠したら3時間も寝てしまった経験を思い出した。私は短時間仮眠などできないらしい。右往左往、パニックになりながら悩み、南回りで街をいくつか経由、寄り道しながらウエストフィヨルズル最大の街、イーサフィヨルズル（Ísafjörður）を目指すことにした。

夜になる時刻でもあるのだが白夜なので明るい。寝起きスッキリで漕ぎ出し、海岸線沿いをひたすらに進む。途中のキャンプ場で宿泊しようか悩むが、海沿いは例の鳥の襲撃を受けやすいので見送ることにした。開放された無人の温泉施設もあったが、本日はまだ数キロメートルしか走っていないのと、昨日にスティッキスで長湯したのもあり、温泉へのモチベーションが低い。とはいえ、この先に何もないのはグーグルマップで分かっている。

どうしたものかと悩みながらも珍しい追い風を背中に受けて進んだ。

到着した港から、パトレクスフィヨルズル（Patreksfjörður）という次の街までは50キロメートルで、3〜4時間ほど走行すれば着けるかもしれない。視界があるくらいには明るいが日がさらに傾いてきた時、海岸線を走っていた道路は内陸に向かい上り道になってきた。顔を上げて先を見ると本格的な山である。道筋的にもこのまま上りそうだ。かなりの斜度がずっと続く、下半身で重い荷物を引っ張り上げ、上半身が後ろへ置き去りになる感覚は久しぶりだ。太ももの疲労がふくらはぎや足先、腰、腕と徐々に伝播していく。ふと後ろを見ると、スナイフェルスネス半島の氷河が見えた。

頭上に山がなくなった頃、なんとか頂上付近に到着した。途中でドローン撮影をしていたのもあって時刻は21時を過ぎてしまっている。看板にはこの先9パーセントの斜度で6キロメートルの下りとあるので、やはりそれくらい登ってきていたのだ。全くこんな時間に本格的なヒルクライムをすることになるとは。頂上付近に出現したベンチに座って汗を乾かし、補給食を食べながら今夜はこの場所でキャンプをすることにした。この旅で初の完全な野宿である。ちなみにアイスランドでは、テント泊もキャンプサイトなど決められた場所以外では原則禁止のようだ。なんでも治安維持の観点かららしく、車中泊なども決められた場所以外では警察に止められるらしい。しかし、自転車は走行距離や体力に限界があるので稀にこのような事態に陥ってしまうのだ。それでも幸いにして山の頂上、たまに車が通る程度である。ベンチから少し川沿いに降りれば道路からも見えないので大丈夫であろう。治安的にも自転車乗りほど無害な生物はいないという点で考えれば、本質的には問題ないであろう。

23時頃でも明るい。フィヨルドの湾が雲で満たされている

岩を支点にしてハンモックであるテントサイルをハングアップする。木が少ないこの国に来て初めての本来の姿である。何を隠そう私は公式認定のテントサイルマスターだが、岩を利用して設営した経験はない。15分ほどをかけて支点となる荷重に耐えられる岩が決まり、テントを設置したのである。

テント設営に気を取られていて気がつかなかったが、眼下のフィヨルドがいつの間にか雲で満たされていた。あまりの景色の変貌に驚いたが難しいことではない。高度的には雲ではなく霧と表現した方がいいが科学的には同じ現象だ。日が傾き、山が陰となってフィヨルドに日光が通らなくなり、一気に気温が落ちて空気中の水分が凝集したのだろう。川なども流れていて、低地になっているフィヨルドの谷部に湿気が溜まるのも、考えてみればその通りだ。日本でも盆地、窪み、谷底は霧が多い。それにしても、科学的には簡単な原理だが俯瞰してみると感動するものだ。白夜とはいえ、日光が当たらない場所は寒く、紛れもなく夜であるということに気がついた。そもそも地球が自転して日の影になる部分を「夜」と人間が定義しただけで、その中から時間の概念を切り離すと局所的に「夜」があってもいいはずだ。そうなるとあちこちに寒い場所と暑い場所が存在することになる。なるほど、風が常に吹いているわけだ。さらに腑に落ちたのは、アイスランドの明朝の景色で、山の稜線や頂上近辺の雲が変であったのだ。まるでスライムやアメーバのように雲が山にまとわりついていて不思議に思っていたのだが、上記の原理で雲ができるとなると、その雲は山の形に大きく影響されるので、切り立ったフィヨルドの山であれば納得できる。それにしても雲の中をダウンヒルしていたと思うとゾッとする。服や体は雲の水分を捕まえ、下りの風を受けて冷えるだろう。すると低体温症になっていたかもしれない。日本でゲリラ豪雨に遭遇したり、オーストラリアの砂漠で水がなくなったりした時にも、その国を受け入れざるを得ない状況になった。そしてここでも、「This is Iceland.」という言葉が浮かんできた。

荷物や自転車をテント付近に運び、テントに飛び乗って寝袋に包まる。山頂でもあるため、どこまで冷えるのだろうかと心配になったが、疲労には勝てずにすぐに眠りに落ちた。

ハンバーガーとコーラ

2023年7月9日

頭に意識が入ってきて、寒くはないことを最初に認識した。深夜に起きることもなかったのは珍しいと思ったら、うまい具合に日光が差し込む角度だったのと、岩場が風除けとなってそこまで冷えなかったようだ。野生動物などの来訪もなく、しっかりと眠れたようで、初の野宿（キャンプサイト以外でのテント泊）は成功したと思われる。時刻も8時くらいで、かなり日も昇っている。

湯を沸かしてコーヒーを作り、パン、ハム、チーズで朝食にする。パンにピーナッツバターをたっぷり塗り込んで口に押し込んだ。昨日の霧はすっかりなくなっている。まさに雲散霧消、見える空と入り江は青々としている。

荷物をまとめてダウンヒル開始なのだが、この国の坂道は怖い。ガードレールはほとん

テントと自転車、無事に一夜を過ごす

どなく、路肩は狭いし砂利が敷き詰められているので、二輪車である自転車がタイヤを取られて滑ってしまったら、簡単に崖下へ落ちてしまうだろう。細心の注意を払いながらヘアピンカーブを下った。

フィヨルドの入り江には工場系の建物があった。海には養殖場が見えるので、おそらく水産加工会社であろう。そこを横目にすぐに次の山が現れる。やはりと言うべきか、フィヨルド地形は入り江の最深沿岸部に街や施設が形成される。そのため獲得した高度を全て捨てて海抜0メートルまで降り、その後に再び上り坂を余儀なくされるのだ。フィヨルド恐るべしである。そして上りは暑くて上着を脱ぎ、下りは寒いので上着を着るという「衣替え」も面倒で時間がかかってしまう。そしてこの辺りから、ハエが多くなってきた。ハエに関してはオーストラリアの砂漠地帯を走破した経験もあって慣れていたので、どういうこともないのだが、こちらのハエはなぜかしつこい。少しの風や風圧で消えたかと思ったら、がっちりと服に留まっている。手で少し払っても離さない。踏ん張り力はオーストラリア以上だ。天気が晴れているのが救いだろう。

山を越えてなんとかパトレクスフィヨルズル（Patreksfjörður）に到着した。昨日の山中泊まではこの街を目標にしてきたが、ここまでの道のりを考えると現実的ではなかった。山で野宿をしていなかったらどのようなことになっていたことか。さて、遠目で見ても静かで素敵な街なのが分かる。スーパーマーケットへ行き食料を物色するが、やや値段が高いのは僻地なので仕方がない。カフェスペースでピザを2カット注文して食べる。焼きたてではないものの、再加熱してくれたのでマシになった。充電コンセントが席の近くにあったので、少し居座らせてもらおう。地元の人らしき人が大勢やってきてはパンやコーヒー豆を購入して世間話をしていく。ここと、もう1店舗の小さいスーパーがあるだけなので、当然このようなアットホームなことになるのだ。

昨日までとは打って変わって、呑気な昼下がりである。追加でハンバーガーを注文し、甘い飲料だと思って買った炭酸水を飲みながらリラックスしていると、程なくしてハンバーガーが皿に載ってやってきた。しかし、そのハンバーガーにはバンズがなく、パティの他に生野菜やトッピングした卵が添えられている。こういう形のハンバーガーもあるのか。さながら日本が誇るモスバーガーの「菜摘」というハンバーガーそっくりだ。困惑しながらも美しいグリーンな盛り付けに吸い寄せられて、フォークとナイフを手にする。パティも何やら、粗挽き肉にマッシュルームや玉ねぎが混ざっていてチーズも練り込まれているようだ。キッチンから鉄板をヘラで擦るような音がひっきりなしに聞こえていたのは、鉄板の上で挽き肉と具材を混ぜ合わせてハンバーグ型に成形していたのだろう。「お肉のお好み焼き」とでも言えばいいのだろうか。一口サイズにカットして口に運ぶ。ビーフ100パーセントパティというのも悪くはないが、玉ねぎとキノコ類の旨みとチーズが粗挽き肉をまとめ上げている。独特の食感と、雑味までも旨さに変えているような一品だ。上に載っている目玉焼きは半熟で、黄身はギリギリ崩れないで独立している。確かにこの特殊パティとフレッシュなトマト、レタス、アボカドに対して黄身が溶け出すまろやかさは不要かもしれない。バンズがないのは寂しいが、ピザを食べていたのでむしろちょうどいいだろう。節約しようと思うたびに散財してしまう性格をなんとかしなければと思いながらも、満足感を覚えてこの街のキャンプサイトに向かった。少し悩んだが、まだ正午過ぎと時間はあるので先に進むことにした。レビューにあった通りに設備もしっかりしたキャンプ場だった。水道で水だけ汲ませてもらうことにしよう。

街を出て道路に戻るといきなりの上りである。ハエにたかられながらノロノロと駆け上がる。あまりの斜度に速度が全く出ないし、足にパワーが入らない。歩いても変わらないので自転車を押すことにした。自転車は何もしないと勝手に落ちていくが、人間は直立していれば転げ落ちることはない。従って上りはスピードが遅いだけで、後方に自転車が落ちていく力を打ち消す必要がない分、歩きの方が圧倒的に楽なのだ。そうしていると、ガムを踏んだような感触が靴から伝わってきた。いけないものでも踏んでしまっただろうかと思ったら、なんと道路の熱さに靴底が溶けているようなのだ。よく見るとタイヤも溶けてしまったようで、小石などが大量にくっついている。後になって、原因はアスファルトの未硬化成分である可能性が高いということが分かった。どちらにしても、ペダルや地面がネチャネチャとして足取りが重い。

山を越え、再び海まで下ってビールドゥダールル（Bíldudalur）に到着した。キャンプサイトは隣接するスポーツ施設で受付をするらしい。玄関では靴を脱いでくれとの張り紙がある。日本人だから特に抵抗はないのだが、であれば内履きと外履きの境界線をはっきりと示してほしいものだ。どちらでも可のような曖昧な部分は、ぜひともやめてほしい。でなければ、今回のようにシューズラックに靴を入れた後に、靴下姿で玄関を横断して中に入ることになってしまう。

シャワーはこのスポーツ施設のものを共用しているようだ。シャワー室と言うよりも、スティッキスで利用したプール施設の脱衣場の次に設けられているシャワーのエリアのようである。誰もいなかったので服を洗濯しながらシャワーを存分に浴びる。野宿後のシャワーは格別だ。ボディソープかハンドソープか分からないが、頭から全身につけてひたすらに洗う。その時、木製の扉から男性が出てきてシャワーを浴び始めた。ジャグジーは外にあったが蓋が閉まっていたので営業はしていないだろう。内湯でもあるのだろうか。男性が木製の扉へ再び消え、服の洗濯が終わったところでその扉の前に立つ。どちらかというとサウナみたいな雰囲気だが、そのような説明書きは一切ない。思い切って扉を開けると暗い室内に光が入り、そこには水着姿の女性がいて、瞬時に熱気に包まれた。少し驚いたが、やはりサウナだったようだ。おそらく先ほどの男性の家族だろう。ちなみに記述が遅れたが水着として自転車用のハーフパンツを穿いていたのでセーフである。我ながらいい勘が働いた。しかし、問題はここからで、面食らいはしたが一瞥して出るわけにもいかず、そのまま一番奥の暑い場所に座ってしまった。日本のようにテレビがあったりはせず、暗い室内にライトが灯っているだけなので雰囲気は大きく異なる。キャンプサイトの料金だけでサウナにも入れると考えたらお得でもあるので存分に体を温めよう。特段サウナに強いわけではないが、私が1サイクルするうちに彼ら彼女らは2サイクルはしていた。熱い風呂に入るという習慣がないであろう欧米人はサウナに弱いみたいだ。もちろん、長く入っていられる方が偉いというわけでもないのだが。

サウナも程々に切り上げて、食事に行かなくてはならない。自炊でもいいのだが、本日は外で食べると決めていた。というのも全くペースが上がらないからだ。以前ならコンディションが良ければ150キロメートルは走れていたはずだ。何が違うのかと検討し、食べる量が少ないのではないかという仮説を立てた。確かに、高い物価にビビってしまい、マネーセーブしていた感は否めない。そこでハンバーガーとフライドポテト、そしてコーラをラッパ飲みしてしまおうと画策していたのだ。

街には食料や日用品を購入できたり飲食ができる小さいカフェが1軒ある。まずは店内で2リットルのコーラを探すが、ノンシュガーのゼロカロリーのコーラしかない。そんなバカなと思い奥の方を探すと1本だけ赤ラベルに白の文字、普通のクラシックコーラが隠れていた。レジでそいつを購入した後に、フードメニューを注文できるかを店員に尋ねると、奥の飲食スペースの席に案内された。計画通りである。これでまんまと2リットルのコーラを堂々とカフェに持ち込むことができた。もし、グラスでコーラを注文してサーブされると、とんでもなく高くつくのだ。

ひとまずベーコン、チーズと書かれたオーソドックスなハンバーガーを注文する。チップス（フライドポテト）もセットと書かれているので都合がいい。グラスにコーラを注ぎ、飲んで待つこと数分、揚げたてと言わんばかりのフライドポテトとハンバーガーが姿を現した。今度はバンズもしっかりある。まずは熱々のポテトをフォークで刺してサウザンソースにディップし胃袋にジャブを入れる。バーガーを見たところ、野菜系はレタスのみでオニオンもトマトもなく実に潔い。フォークを置き、いよいよバーガーを両手に持ち、一気にかぶりつくと、熱々の熱気に乗ってこんがり焼けたパティの香りが鼻に抜ける。チーズがよく溶けていてうまく絡んでいる。バンズも温かくて申し分ない。薄いがカリッと焼かれたベーコンがいいアクセントになっている。昨今の日本では、パティにしろベーコンにしろ、分厚さ至上主義的な雰囲気を垣間見るが、適切な厚さも探究してほしいものだ。この薄いカリカリベーコンは病みつきになる。脳内で全日本国民に向け、偉そうなハンバーガー主張で陶酔していた時、一瞬で目の前のワンプレートに引き戻された。この味は……まさか……食べかけの断面をよく観察すると、ジェノベーゼ……つまりバジルソースが上バンズに塗られているではないか。ベーコン、パティ、チーズがしつこくなる前に、このバジルの香りが居合の如く刹那に切り結んでいたのである。これは一本取られた。ポテトを再度口に含み、歯にまとわりついたチーズを取るようにコーラを口に含んで一気に胃に落とす。

ハンバーガーを平らげたがカロリーブーストが今食事の主目的なので、もう一品注文してみよう。とは言ってもメインクラスのメニューはお腹的に厳しい。そこで、チキンウィング8ピースを注文しよう。待つこと数分で、同じように盛られた唐揚げとフライドポテトがやってきた。今度はバーベキューソース付きなので、チキンにこのソースをつけろとのことらしい。同じようにポテトとコーラをつまみながら、チキンを食べるとこちらもカラッと揚がっていて実に美味しい。これはソースをつける必要はなさそうだ。お腹がはち切れそうだったが、なんとか完食して店を後にした。

フィヨルド地形と自転車、明日は対岸を通過する

消化のために街を少し歩くとシーモンスターレストランなるものが出てきた。クラーケンのような海の魔物のことだろうか。恐竜も生き残っていそうな国なので実際に

いるのかもしれない。キャンプサイトに戻り、テントを敷き、エアマットを膨らませて寝床の準備をする。隣に面する公園では子供達が半袖で飛び跳ねている。どこの国でも子供は寒さ知らずだ。

ダートの山越え

2023年7月10日

毎度のことながら、テントの隙間から入ってくる冷気で起こされる。少し外を覗くと霧に覆われていた。そうか、昨日は霧の発生を目撃したが、ここビールドゥダールルも海に面する河口の街だ。東西を山に挟まれるフィヨルド地形で、朝日が当たらないために冷えてこのようになるのだなと理解した。

外に出て荷物が濡れていないかを確認すると、干していた衣服以外は概ね大丈夫そうだ。それにしても霧が濃い。テントで二度寝してやり過ごしてみても、あまり晴れないので、出発準備と食事にすることにした。濡れたサイクルウエアをトイレに持って行って着替える。トイレには暖房もあって暖かいのだ。

キッチンルームのないキャンプサイトなので屋内施設はトイレしかない。外の濡れたべンチに戻り、パンにピーナッツバターを塗って食べる。残しておいたコーラを飲み干して荷物をまとめ、メガネを上着のチェストポケットに収めて街を出た。霧で水滴がつくので雨天もそうだが、こういう時は裸眼で走るのだ。

ルート63を東に進むと、舗装路が終わり簡易舗装のダートになった。主要道路なので油断していて調査不足だった。路面が一気に荒れ、穴や大きめの石が多い。パンクやスポークの破断などの機材トラブルのリスクが一気に高くなり、ずっと路面の状態に集中して走行しなければならない。車の通過時、高湿度が幸いして砂埃が巻き上がらないのはラッキーだった。1〜2時間ほど進むと道路脇に温泉プールが現れた。昨日は、本来の予定通りここまで走ろうかと思っていたのだが、無謀だったように思う。もちろん入らずにスルーして先に進む。

霧の中から小さな橋が出現し、渡ると左手に休憩スペースがあった。自転車を降りて補給食のチョコレートクッキーを食べていると日が差してきて、一気に霧が晴れ、青空が出現した。視界がクリアになってどのような場所を走っていたのかがはっきりしてきた。今までよりも人里離れ、という感じがするのは未舗装路の演出効果だろうか。

大地が乾いて気温が上がったら一気にハエが動き出したのでバグネットを被る。眼前に上り道が出現しているのを見ると、どうやらここは登坂前の休憩所のようだ。山はあまり高くないように見えるがどうだろうか。未舗装路の本格的な登坂は未経験だ。

雲海を横目に黙々と高度を稼ぐ。やはりコーラのがぶ飲みがよかったのだろう。足に力が伝わって、いくらかマシだ。液体燃料の効力を身をもって体感し、ライド後はなるべく早く体に糖分を補給するためにコーラを飲もうと決意した。ハンバーガーやフライドポテトもよかったに違いない。これまでは根本的にカロリー不足だったのだと思う。何でもいいから食事第一、そもそも食べること以外に建設的なアクションがないのが自転車旅とも言える。

一方、砂利が多いので斜度がキツくなってくると後輪が滑ることがある。一見滑ってなくとも、微小レベルではタイヤが空転して効率はかなり落ちているはずだ。しかも、上りのカーブではイン側に横滑りしてしまう。そこに風が吹いたりすると前を向いているのに横に移動する始末で、ライン取りも難しくなってきた。車とすれ違う時は危険なので停車してやり過ごすのだが、そうすると砂埃が目にしみる。時折、砂まみれで茶色くなった車を見るが、このような道を頻繁に走っていたのだろう。中には足回りから変な音がする車もある。この国でも壊れにくい日本車が重宝されているのはそういう理由からに違いない。

それにしても、アイスランドの山道は最後まで上らされるイメージだ。目の前に山がなくなっても、遠くに山が出現してまた上らされる。本当に頭上が空になるまで上るのだ。

顔から落ちる汗を頭から被ったバグネットが受け止めている。フィヨルド地形を見下ろす高さまで来ると風が冷たく心地良い。湾を挟んだ対岸に街が見えたが、方角的に朝に発ったビールドゥダールルだろう。晴れた日には青や緑の自然色しかないこの国では、小さい街であってても人工物はとても目立って見つけやすいのだ。

次第に道は下り基調になってきた。未舗装路で下るのだろうかと不安になる。というのも、落車した場合、速度の影響で上りは擦り傷だが、下りは命を落とすのだ。不安を引き摺ったまま、未舗装路でのダウンヒルが始まった。毎度のことながら、下りでブレーキが多くなるのは損した気分である。上りではほとんどブレーキを使わずにエネルギーを高度へと変換していく、下りでは逆に高度を運動エネルギー（速度）に変換させるわけだが、ここでブレーキが多いと上りの頑張りを無駄にしている気分なのだ。舗装路であればもう少し速度を出せるが、このコンディションではそうもいかない。そして、こんな道なのに横を通る自動車は時速50〜70キロメートルくらいで疾走していた。谷側はガードレールもなく、すぐに崖である。見ているこちらが肝を冷やす。さすがは荒波に立ち向かった戦士、バイキングの末裔といったところだろうか。北欧神話では勇敢に死ぬことでヴァルハラへと導かれ、最終戦争ラグナロクに備えることになるらしいが、路面で滑って速度超過で谷に落ちた場合はどうなのだろうか。北欧の神々に会えたら聞いてみよう。

無事に海まで降りたところで舗装路が復活し、いつものようにフィヨルド沿岸を攻めているると水力発電施設が見えてきた。日本人だと川を堰き止める巨大なダムをイメージするが、そうではない。揚水力発電といえばイメージが湧くだろうか。斜面に沿ってパイプが設置されているタイプの水力発電所で、電力需要がない時は余った電力で水を汲み上げて高い位置にストックしておき、昼間など電力需要が高い時に開放するのだ。電気は発電したら基本的に溜めておくことが難しい。従って、その余りそうな電気で水を汲み上げておくことで、ある意味電気を溜めることができるという理屈だ。従って、揚水力発電は安定供給に一役買うことができる優れた発電方式ということである。しかしながら、巨大なダムの発電所やその看板をこの国では見たことがない。当然、汲み上げた水を貯める池やダムのようなものはあるのだろうが。道路から見える場所にはないのだろうか。手付かずの自然が観光資源になっている国でもあるので、自然への影響は最小限にしているというのは理解できる。いずれにせよ、この国は水力発電と地熱発電でほとんどの電力供給を賄っているので、水力発電設備は極めて重要な施設であろう。

水力発電所を過ぎると、すぐにトンネルが現れて歓喜した。これで山を一つ越える必要がなくなる。実にアメイジングである。白夜で使うことがほとんどなかったフロントライトとテールライトを点灯させて突入した。ちなみに、アイスランドの自動車は24時間ライトの点灯が義務づけられている。もしかしたら、自転車も本来は常に点灯させた方がいいのかもしれない。

このトンネルは全長で5キロメートルにもなるらしい。突入後、まずは濡れた衣服を通して冷気が体に染み込むが、厳しい冬の残り香、フィヨルド内部の天然の冷気と考えたらこれだけでも十分な体験かもしれない。道は狭く暗い。トンネル表面は凸凹していて、そこに粉体塗料を吹き付けて表面を固定しているだけのようだ。そのため、どちらかというと鍾乳洞などにイメージが近い気がする。内部は暗く、車同士のすれ違いはギリギリで、ドライバーは自転車なんていないと思って走っているだろうから緊張しながら通過した。

長く暗いトンネルの先は……やっぱりフィヨルドだった。それでも本日の目的地であるシンクエイリ（Thingeyri）まではもう10キロメートルほどである。足にも力が残っているので、しみじみとコーラの効果は偉大だと言わざるを得ない。幹線道路を外れて街を目指す途中の沿岸道路から、岩の上で日光浴をしている黒いアザラシが見えた。数日前まではアザラシが見える場所には有料パーキングがあったが、地方に行けばその辺にいるので珍しくもないのだろう。16時頃に街に入ることができた。

まずはガソリンスタンドへ向かうと決めていた。ここがキッチン付きの店舗なのは調査済みである。むしろ、ライド終盤になると、ここが目的だったと言っても過言ではない状況になる。それほど体が飢えるのだ。ちなみに、この街でこの小さな店舗以外で食料品は売っていない。店内を見ると生鮮食品はやはり高い。宿泊予定のキャンプ場の設備を一度確認してから何を購入するかを検討した方がいいだろうと、早めに見切りをつけて奥のカフェスペースへ向かった。

2リットルのペプシコーラを片手に軽食のメニュー表を見てチキンバーガーを注文した。フライドポテトはセットではないらしいので追加する。机に腰をかけて、上着を脱ぎ、荷物を隣の椅子に下ろし、背もたれに寄り掛かると自然と深い息が出る。トイレに向かい、手を洗って鼻をかむ。体は熱くとも空気はひんやりしているので走行中は常に鼻水が出ている状態に近いのだ。席に戻り、ペプシコーラを開けてラッパ飲みすると炭酸と甘みの電撃が体に走り、ここでもう一度深い息が出る。出していると言うよりは勝手に出る自然現象だ。ほとんどアルコールは飲まないが、いわゆるビールの後のアレだ。「チキンバーガー!!」と甲高いスタッフの声が聞こえたので、カウンターで皿に盛られたフライドポテトとハンバーガーを受け取った。油の種類なのか照明なのか、いつもより黄色味が強い揚げたてのポテトだ。サウザンソースにつけて2、3本のポテトを口に放り込んだところでバーガーを手に持つ。バンズは柔らかく、全体的にトーストされているようだ。硬いバンズの方が好みではあるが果たして、かじりつくと何の抵抗もなく、具材は噛み切れて、きっちり一口分が口に収まった。揚げたてのチキンの香りが立ち、瞬時にマヨネーズの塩味に脳が反応する。どうやらコーラで補えなかった塩分を体が血眼で探していたようだ。咀嚼しているのか、飲み込んだのか、味わい切る前に二、三口と顎が止まらない。柔らかいバンズで食べるハイスピードリズムにブレーキをかけるようにポテトとコーラを挟む。こぼれ落ちるバーガーのソースで指がぐちゃぐちゃだ。ナプキンで拭きながら、皿のソースをポテトでぬぐっては口に運ぶ。心底食べ切ってしまうのが勿体ないと感じた。今日はこのためにダートの山道を越えてきたのだ。店舗営業時間内に到着できて本当によかった。

腹を満たすと余裕が生まれるもので頭が働き、次の走行工程や残りの食料などをどうするかを自然に考え始める。野生動物のように食べることと寝ることしか考えていない自分に気がつく。野生動物は絶対にしないであろう非効率な自転車移動だけが、人間性として残っているような感じだが、その行為自体が人間性を奪っているような気もする。

ひとまずはキャンプサイトへ向かおう。キャンプサイトの受付は昨日同様に隣のプール施設のようだ。利用料金１９００クローナを支払ってチェックインする。プールに入ろうか悩んだが、昨日はサウナに入れたので別料金となる今回は節約のためにやめておこう。早速シャワーを浴びるがお湯がぬるくて少し寒い。まだ日差しは強めなので早めに外に出て体を乾かした方が良さそうだ。

手持ちの食料から明日の朝食など、今後のことを考える。次のイーサフィヨルズルまでは60キロメートルくらいなので一日で行けるだろう。洗濯も終え、やることもないのでガソリンスタンドへ戻ってポテトチップスと行動食用のクッキー、そしてヨーグルトを購入した。

キャンプサイトに戻り、キッチンルームでヨーグルトを食べながらメールをチェックすると、自著『オーストラリア自転車旅』の電子化の件に関してメールが入っていた。4、5月には発売できると思うと言っておきながら既に7月である。元々、電子化をお願いしてから2年と8ヶ月くらいは過ぎていると思う。いくら何でも遅すぎるので、ここで愚痴を記すことにする。

そしてメールによると、7月13日までに原稿を確認してくれとある。日本は9時間早いから猶予はあまりない。原稿をダウンロードして確認すると、スペースがあったり、英語のピリオドがなかったり、横文字表記が縦文字になっていたりと嫌なミスや誤植が多い。AI変換とかなんとかでデータ化したと言っていたが、これは全文字を確認しないといけないような気がしてきた。早速作業に取り掛かったが、夜中までやっても終わらない。修正箇所と指示をまとめながら1冊読むのだから当然である。これはこのキャンプサイトにもう1泊するしかないようだ。イーサフィヨルズルに到着してからでも良い気もするが、気になって走行どころではないかもしれない。それに日本時間で13日の昼間くらいまでだとすると、やっぱり余裕はない。

キッチンで手持ちのパスタを全て茹で上げ、トマトペーストのスープと合わせ、缶詰のニシンを載せた。既にこれがニシン蕎麦でいいのではないかとも思ってきている。

原稿作業を途中で切り上げて寝るとしよう。キャンプサイト内の遊具を支柱にしてテントサイルを張った。文句を言っているが、外国でも一応仕事ができるというのは本当に時代が変わったなと実感する。この場所は北側が大きく開けている地形なので、沈み切らなかった太陽に照らされて結構明るい。寝袋を顔までかぶって寝るとしよう。

2023年7月11日

風でテントのフライシートがバタついて目が覚めた。このシンクエイリのキャンプサイトにはもう1泊する予定なのだが、テントを撤収することにした。子供達がこの遊具で遊ぶ際にテントは邪魔になるので一旦撤去した方がいいだろう。

本日は丸一日かけて我が書籍であり処女作の『オーストラリア自転車旅』の電子化における修正作業をしなくてはならない。必然的に作業場所となるキッチンスペースへ向かう。まずは朝食にクッキーなどの手持ちの行動食を少し食べ、お湯を沸かしてコーヒーを飲む。

飛んでいた虫が躊躇なく熱々のコーヒーカップへ突入するハプニングはあったが、作業を開始する。

ひたすらに原稿修正作業をしていると徐々に他の利用客も朝食にやってくるのだが、小さな街なのでキッチンエリアがパンクすることはなく、そのまま座席を一つ独占していた。多くの利用者はキャビン他、机や椅子なども持参してきているのだ。自転車旅の住人は居場所がないのだから容認してもらおう。

不幸なことにWi-Fiがないキャンプサイトだったのでモバイル回線でネット回線を確保することになる。「Siminn」のプリペイド式のシムカードで、通信できるデータ量は10GBだが既に7GBは使用しているので追加で購入しよう。50GBまで段階的に料金が設定されている。単価を考えると50GBが圧倒的に安く、これで通信量は気になることはないだろう。さらに一部の山や谷以外ではほとんどのエリアで通信可能なので損はなさそうだ。即決で50GBを追加で購入した。

6時頃からトイレ以外は作業をしているが、まだかかりそうだ。14時頃になったので、ランチのために昨日のガソリンスタンドへ再び出向こう。ピークが過ぎた頃で比較的空いているはずだ。今回はベーコンチーズバーガーを注文した。もちろん「With chips.」と言ってフライドポテトもセットにしてもらった。キャンプサイトの冷蔵庫に昨日のペプシコーラがまだ残っているのでドリンクはなしだ。一緒に飲みたいところだが、できるところで節約もしなくてはなるまい。昨日と同じようにバーガーとフライドポテトが載った皿を受け取り、席に着いて食べ始める。やはりカリッと焼いたベーコンは悪くない。薄いのでボリュームに欠けるとも言えるが美味しい。サクッと食べ終えて店を出ると隣にカフェがある。存在は知っていたが、昨日は時間的にクローズしていて特に確認していなかった。

食後にはコーヒーが飲みたくなるタチである。しかし、今回の旅ではインスタントコーヒーを持ち歩いているので、キャンプサイトのキッチンエリアで飲むことができる。そのため、わざわざカフェで飲まなくてもと思ったが、再度このシンクエイリという街に来る可能性を考え、せっかくなので何か甘いものとコーヒーでも飲もうかと目の前のカフェに入店した。どうやらベルギーワッフルが有名らしく、カウンター越しにはプレヒートされたワッフルメーカーと生地が入ったボウルが置かれていて、スタッフもスタンバイしている。すぐにワッフルを焼きますと言わんばかりだ。

ワッフルとコーヒーを注文した時に問題が起きた。「Two waffle and a coffee?」とスタッフがオーダーの確認で復唱してきた。つまりワッフルを二つと言ってきたのだ。気がついて訂正しようとしたが、これも何かのお告げかもしれないと思い、「Yes.」と返答した。クレジットカードの読み取り機にはしっかりとワッフル二つ分とコーヒーの合計で3

000クローナ以上の値段が表示されている。そのままカードを通して支払って席に着くとすぐにコーヒーを1杯分持ってきてくれた。

ネイティブでもないし、語学に造詣が深いわけでもないが、なぜ「Two.」と発したように思われたのだろうかと考える。「t」は発音が省略されたりする。確かに私は「t」から始まる単語に少し苦手意識がある。そして冠詞を疎かにしてしまったりもする。「a（冠詞、「一つ」の意）」を付けていれば変わったのかもしれない。確かに他のお客さんはしっかり「One.」を付けて注文していたりする。いきなり「Waffle.」と文頭に持ってきたのも悪かったのだろうか、発音が苦手なら、それこそ文章で補完するために、しっかりと主語から始まる中学英文で勝負すればよかったのかもしれない。そのような不運が重なって幻影の「Two.」が出来上がったのだろうか。そんなことを考えている間にテーブルにはしっかりとワッフルが二つやってきた。店員も疑問に思わなかったということは、たまにそういう奴がいるのだろうか。ナプキンに包まれたナイフとフォークを解いて両手に装備した。

まず、自家製のジャムと大量の生クリームがセットになっているので味見をしよう。ジャムは程よい甘さで酸味が引き立っている。クリームは海外らしく甘さ控えめでクリーム感のみが孤軍奮闘するタイプだ。これ系のクリームには酸味が必須なので、このベリー系のジャムはベストコンビと言える。ワッフルにナイフを当てるとサクッと切れる。薄焼きな見た目だけに軽そうである。口に運ぶとカリッとした食感の後にフワッとしている。単体ではそこまで甘くないが、焼き上がりなので何よりも香ばしい。ジャムとクリームの配合を変えながら楽しんでいると、あっという間に1枚目を平らげてしまった。皿を交換して2枚目を手元に引き寄せる。添えられている新しいナイフとフォークを使用した方がいいのだろうか、分からない。どうでもいいことに悩んでしまうのは、バーガーの後に重たいクリームを大量につけて既に1枚食べている満腹感が原因だろうか。思考はさらに深みにはまり、（一人で2枚食べるの!? 後から誰かが来るのかと思った）などとスタッフに問われたら何と返答するべきか。

（今月は大事な人が亡くなった月で二人分を頼むようにしているのさ、甘いものが好きな人だったから）と大掛かりな嘘でもつくべきか。変な恐怖に追われながら、何か言われる前に退散しようと、クリームを少なめにしてワッフルを胃袋に押し込んだ。

キャンプサイトへは教会の敷地を突き抜けると近道だ。芝刈り機を乗り回して爽快に刈り込んでいるオッサンがいる。なんとも楽しそうな仕事である。青空と赤い屋根の教会と緑の芝生はどう見ても綺麗だ。

「あなたは朝からずっと何をやっているの？」とキッチンでお婆さんが話しかけてきた。

「仕事」と答えると、

「〇〇？」と続けて聞いてきた。

「何それ？」私が聞き取れなかったのか、知らなかったのか、聞き直すと、

「アカデミックな言葉ではないわ」とお婆さんは答えてきた。

「旅のことを書いている」とだけ答えて、面倒な会話を終わらせた。

旅行をしている人で、出会いを大事にしている人は多いだろう。実際そう思うこともある。しかし、人と接するのが面倒だったりストレスになったりする場合もある。正直なところ、私は話しかけないでほしいと思うことの方が多い。それを聞いてどうするのかと思いさえする。同じ席に座るしかなかったり、軽微なトラブルを防ぐためなど、話すのが自然な状況は別として。

積極的な出会いこそが醍醐味と思っている人とは、一緒に旅はできそうにない。自転車旅をしていると自然に寄りすぎてくる。合理的に無駄なことはしたくなくなるし、人工音がやたらと気になり、話し声などもノイズに聞こえてしまう。野生の動物は意味のないコミュニケーションなぞしないだろう。

一人で自然の中を走行している時の方が静かで心地良く感じてしまう。そして、街から逃げるように自転車に跨って走り出すことがあるのだ。個人差が大きい持論だが、人が最

もストレスを感じるのは他人と一緒に居過ぎることだと思う。その証拠か、このような生活や食事でも肌が綺麗になっていくのだ。ストレスの影響は計り知れないとも思う。摂理や自然はいつも残酷で、人間もその一部なのを忘れてはいけない。

結局は夜まで時間を費やしてしまった。昼のワッフルが祟って夕飯が必要なくなったのは時短になった。担当者へメールを送信し、テントを再度張り直して就寝した。

北の果て

2023年7月12日

アイスランドの北西部、ウエストフィヨルズルのシンクエイリという片田舎のキャンプサイトから一日が始まる。本日は移動日なので出発の準備をしなければならない。まずはテントを片付けて荷造りが必要だ。

天気は晴天で申し分ない。キッチンスペースで朝食を取りながら、荷物を小さく丸めてバッグに押し込んでいく。中国人と思われる男性が隣にいたので少し話をした。アジア人は比較的早起きな気がする。食事は一昨日から所持していたポテトチップスと残ったペプシコーラなので簡単だ。本日の走行距離は60キロメートルほどを予定している。目的地はウエストフィヨルズル最大の街であるイーサフィヨルズルで、アイスランドの中でもかなり北に位置する。今回の旅で楽しみにしていた街の一つでもあるので、できることなら2泊くらいはしたいものである。距離的にも確実に到達できる。他の利用客がまだ寝静まっているキャンプサイトを出てシンクエイリの街を離れた。

シンクエイリから幹線道路に戻るとすぐにフィヨルドを横断するのだが、何と説明すればいいか、岩や砂礫で埋め立てた上に舗装したような道路を渡るのだ。日本では橋をかけてしまう気がするので新鮮な気分になる道だ。第一印象は整地が大変そうだという点で、力業で道を作っている感じがした。そして、その先はすぐに恒例の上り坂となり、朝の寒さが熱気と汗に変わった。上り切ったあとは坂を一気に下りるのだが、一転して寒い。爽快に喜びを叫びたくなるようなダウンヒルはもっと気温が上がってくれないと難しい。この国では、なかなかその機会はないかもしれない。

坂を下りてすぐに池が見え、そのほとりにベンチがあったので、すかさず休憩をする。車道そばには休憩できるベンチが少ないので出現したら積極的に利用して、椅子に足を上げて休むのだ。休憩後は再び上り道となって苦しめられたが、ピーク付近で再びトンネルが出現した。逆にトンネルがあるということは、上りは終わったと思ってもいいのだ。従って、このトンネルを抜ければイーサフィヨルズルの街へ駆け降りればいいだけになる

湾を横断する道路、山を越えて次の街へ向かう

ので、実質的に本日の走行は終了したと思っていい。意気揚々と冷気を吐き出すトンネルへ突入した。

暗いトンネルを9キロメートルも走ると、日光に照らされた緑や青が一層眩しく感じられる。前方の斜面にはリフトのような設備があるので、どうやらここはスキー場のようだ。いつかアイスランドでもスキーをしてみたいものであるが、日本のように木がないので遠目で見てもコースがよく分からない。もしかして、高いところに連れて行くから、あとは勝手に滑って下りてきてねというような、どちらかというとバックカントリーに近い感じなのかもしれない。

街に入る手前にロードトリッパー御用達の安売りスーパーマーケット「ボーナス」が目についた。スーパーマーケットを見かけたら反射的に入店してしまう体になっているので、入り口前まで行き、自転車を停めていると、同じタイミングで店に来たアジア人の青年に声をかけられた。この国では割とアジア人は目立つのだ。彼はフィリピン人でクルーズ船の船員とのこと。現在は停泊しているのでこの街にいると言う。確かに大型の旅客船らしきものが入り江に停泊しているのは山の上から見えていた。名前を聞かれて「ユウスケ」と名乗ると、日本のアニメ『幽☆遊☆白書』の主人公と同じ名前だなと言いながら、彼は「霊丸ポーズ」をした。フィリピン人はみんな日本のアニメや漫画が大好きだとも言う。既に「マンガ（Manga）」という言葉も一部で英語になっている。文化交流とは優秀な方が勝って飲み込むものでもあるのだ。ともあれ、主人公の浦飯幽助には本当に感謝である。

今晩はイーサフィヨルズル・ホステルという宿を予約している。チェックインはメイン経営のホテルの方だと事前にメッセージがあったので向かったが、チェックインは15時からだと突き返された。ドミトリーのホステルでは珍しい現象だ。高級な方のホテルのチェックインと勘違いしているのではとも思ったが、港の方やスーパーマーケットなどのチェックをしておきたいとも思っていたので、時間ができたのも幸い、ランチでもしながら探検してみよう。

クルーズ船を目指して港の建物を見ていると酒屋、ホームセンターなどの一般店の他、レストランや大型のバー、インフォメーションセンターもある。日本で港と言えば倉庫や企業ばかりのイメージだが、クルーズ船のリッチな乗客が一時的に下船するのでそれなりに栄えているようだ。私は見慣れてきたが、大きく削られたフィヨルド地形の入り江部分に作られた港は船客を魅了するのだろう。特にこの場所は両岸にそびえ立つ山も立派で見応えがある。確かに世界旅行などで寄港するには適しているのかもしれない。ダウンタウンの見物を終えて、スーパーマーケット「ネット（Nettó）」へ行く。商品は一通り揃っていて、欲しそうなものは全て手に入りそうだ。本格的に購入するのは宿のキッチンを確認してからの方がいいため、保留する。冷蔵庫や冷凍庫の有無でも話が変わってくるのだ。

スーパーマーケットと同じ建屋にアジアンフードのちょっとしたレストランがテナントとして入っていた。海外でレストランというと格式が高そうだが、フードコートのような造りで入りやすい。カウンターにはエスニックなメニューが並んでいる。店員に話を聞くと、皿にライスを盛って好きな3品とカレーをセレクトして食べることができるらしい。外食で米を食べる機会は限られてくるので今回はこの店にしよう。野菜と肉が多めになるような3品をチョイスして、マイルドな辛さのカレーを選択した。２５００クローナほどを支払ったがとんでもないボリュームである。食品の品目数を考えたら物凄くお得な気がする。というか、同じレベルのものを自炊してもこの金額内では作れない気がする。先ほどまで何を自炊しようか悩みながら店内を物色していたプランが早くも崩れそうである。

スーパーで購入したスプライトを飲みながら、久しぶりに噛み締める肉と野菜の物質感とアジアンテイストに感銘を受ける。早くもリピートしたいなと思いながらスプーンで米を口に運ぶ。この国ではアジアン料理のコストパフォーマンスが高いのかもしれない。

午後2時半にホテルのロビーへ戻り、30分ほど待機しようとしたら受付の女性が「ホステルならもうチェックインできるわ」と話しかけてくれた。やはり高級ホテルのチェックインと勘違いしていたに違いない。鍵を受け取って宿舎へと向かった。

一般的に少し早めのチェックインだったのかもしれないが、人の気配がまるでない。受け取った鍵で扉が開いたので間違いではなさそうだ。鍵に付与されている番号の部屋を開けるとベッドが4つ置いてある。この部屋に他の宿泊客はいないようだ。少し狭くなるが自転車を部屋まで入れて荷物を解く。キッチン、WCルーム（トイレとシャワー）はとても綺麗に掃除されていて居心地は良さそうだ。着替えを持ってシャワーを浴びに行く。他のお客が残していったのかシャンプーまであるではないか。経費と荷物削減のためにシャンプーを持たないで旅をしていたので実に助かる。本日は比較的楽な行程だったが、山も登ったのでそれなりに疲労している。どっぷりと湯に打たれ、汗と疲れを流した。

さて、気になるキッチンは電気コンロ、冷蔵庫の他、調理器具や食器類も全て揃っている。これは何を買っても良さそうだ。1泊の予定だったが、明日は雨でもあるので延泊してもいいかもしれない。さらにホステルとスーパーマーケットは徒歩2分くらいの場所と、立地も最高である。ウエストフィヨルズルエリア最大の街だが、とてもコンパクトで便利だ。

夕方にはスーパーマーケットへと舞い戻り、卵、ベーコン、カレーソース、玄米、鶏胸肉、そしてヨーグルトのようなものを購入した。キャンプ飯としていたパスタをちょうど食べ切ったところだったので、次は米にするかと考えていたのだ。カレーソースの味や炊飯の具合をテストしておかなければならないので夕食はカレーとする。米も炊き上がり、胸肉を投入したカレーソースもいい感じだ。皿に米を盛り付け、卵を二つ落としてカレーソースをかける。アイスランドの生卵事情などは分からないが、熱々の米とカレーソースに包まれるので大丈夫だろう。昔、生卵は食べられないと言うオーストラリアの友人がいて、彼はすき焼きが好物らしく「生卵は大丈夫なのか?」と質問をしたことがある。すると「熱い肉に絡まって火が通るから生ではない!!」と言い張った。その言葉を思い出しながら、お腹を信じて口に掻き込んだ。それはさておき、アイスランドの卵は6、10、12個単位で売られているケースが多い。実は6個入りのパックが品切れで10個入りを買わざるを得なかった一幕があった。滞在期間が短いので悩んだが、食事が偏りすぎる自転車旅で栄養価の高い卵はこのタイミングで食べるべきと判断して購入したのだ。従って、カレーテストと同時に卵10個を消費するミッション（別名エッグマラソン）が課せられているのだ。この時点で延泊も確定したことになる。

カレーテストも成功して食べ終わり、食器を洗って歯を磨く。リビングでは他の住人が戻ってきたらしく、酒を飲みながらトランプで騒いでいる。変な人間ではない、良い奴感を醸しながら、トランプには誘われないような絶妙な演出でそそくさと部屋に戻った。他の3つのベッドは空いているので、今夜は一人部屋のようで快適だ。ブラインドを落として日光を遮断し、寝袋を展開して横になる。チェックイン時にも言われたが、この宿もスリーピングバッグを持参する必要のある宿でベッドにはマットレスと枕しかない。それでもサイクリストには十分すぎる。ブラインドの隙間から日光が少し入ってくるが、久しぶりの暗さに安心したのか呼吸が静かになり、瞼を閉じるとすぐに眠りについた。

卵の残数：8

2023年7月13日

イーサフィヨルズル・ホステルの一室で目が覚めた。部屋が暗く寒くないので、ぐっすりと眠れたようだ。天気予報通りに雨風が酷いので予定通りに延泊としよう。シャワーを浴びてリビングキッチンへ行くとウイスキーやらビール缶が転がっている。散らかってはいるが、翌朝に片付けますというような雰囲気でまとめられているのでよしとしよう。

朝食は米とベーコンエッグ、野菜は冷凍カリフラワーにしようと思っていた。スーパーを見て気がついたのだが、冷凍食品が異様に安いのだ。この国は日本と異なりフレッシュな生鮮食品が毎日大量に供給されるわけでもなく、消費者が多いわけでもないのだろう。冷凍食品の方が加工、製造、物流、保存の上で都合がいいのは明白だ。カリフラワーを取り出すと米粒くらいの粒子が冷凍パッキングされており、イメージとの違いに困惑する。英語表記の少ないパッケージを頑張って眺めてみると、どうやらカリフラワーライスのようだ。つまりカリフラワーと米のブレンドで、米を食べるよりも低カロリーにしたというような食品のようだ。急遽、カリフラワーライスへとメニューが一部変更となったが調理開始だ。フライパン一面にベーコンを1枚1枚敷き詰めてひたすら焼き、裏返したら卵を3つ落として蓋をして待つだけだ。このキッチンも換気扇がないので焦がして煙が出ないように火力には気をつけよう。一方のカリフラワーライスは電子レンジを使用しているが全く解凍できない。普段から電子レンジは使わないのだが、やはりこの家電だけは好きになれない。利用後のイメージが不明確でとても使い難いのだ。一人暮らしのマストアイテムというキャッチコピーだが、10年以上一人暮らししていても、最初の3年くらい設置していただけで、それでもほとんど使用しなかった。その後はなくても困らなかったので個人的な不要家電ランキングトップ3にはランクインしている。嫌気が勝り、もう一つフライパンを出してカリフラワーライスを炒めることにした。

ベーコンエッグは言うまでもなく、塩気の乗ったカリカリのベーコンは噛めば噛むほどに食欲が増す。カリフラワーライスも食感が良く、テンポよく食べてしまった。当然普通の米より高価なので、もう買うことはないと思うが覚えておこう。

食後には昨日買ったヨーグルトらしきものを開封した。ところがヨーグルトではないようだ。シナモンシュガーが付属していたので、とりあえず振り掛けてみる。口に運ぶとツブツブとした食感の何かが入っている。米のような気もするが、一般棚に陳列されていたので乳児用の離乳食とも思えない。パッケージを見ても英語表記が少なくてよく分からないが、電子レンジマークがあるので温めてもいいようだ。全く分からないが、西洋人はこのようなドロッとしたものを朝に食べているイメージなのでその一つの何かなのだろう。

チェックアウト時刻前にホテルの受付へ行き、延泊の申請をした。昨日の女性と同じ人だったので話が早くて助かった。

オフ日はひたすらに機器の充電、記録した動画や写真のデータ転送やコピー、ブログを書いたりとやることは決まっている。それ以外は買い物と自炊、洗濯なので割と忙しいのだ。日本にいた時は旅のために映画やゲームを大量にダウンロードしておこうかとも思ったが、そのような暇はなさそうだ。さらに相部屋ドミトリーの1泊でも8000円近くコストがかかるので、ダラダラと滞在するのも難しいときたものだ。

あっという間にランチタイムになった。米を炊いて、カレーソースの残りと新たに買ってきたハンバーガー用のビーフパティとアボカドを合わせて食べよう。もちろん卵も使用する。この国ではチキンとビーフに価格差はほとんどなく、場所によってはチキンの方が高かったりする。土地が余っているので放牧しておくだけでいい羊や牛の方がコストが低いのだと思う。確かに鶏は鶏舎で毎日管理してやる必要があるので大変そうだ。牛肉の需要などが高ければ生育に時間がかかるので畜産家にもプレッシャーがかかるだろうが、いかんせん30万人の国家なのでリードタイムに余裕ができるのだろう。

それにしても北欧のキッチンはおしゃれに見える。配色なのか、単に広いだけなのか、イケアの食器がそうなのか、はたまた日本人の欧米コンプレックスがそのように見せているだけなのかは分からないが、少なくとも日本人はキッチンに絵を飾ったりはしない。これくらいの余裕は欲しいものだ。

天気が悪くて誰も歩いていないが、イーサフィヨルズルはメインストリートに風情があり、装飾が施された建物も多い。小さなショップ、バー、ベーカリーと近場に何でもあるので過ごしやすい。そのまま街を突っ切り、港の方にあったホームセンターへ向かい、絶縁テープを購入した。テープ類は何かと重宝するので一つくらいは持っておいた方がいいだろう。自転車の故障や怪我の応急処置などにも役に立つ。さらにカレーやジャムなど瓶詰め製品が増えると怖いのは漏れである。瓶と蓋を絶縁テープでしっかりと巻いて塞ぐのに最も利用した。バッグの中で漏れてしまったら、それこそ一大事である。

ホームセンターの家電コーナーにはトースターやフライヤーが置かれているが、この辺りの価格は日本と差はない気がする。しかし、何度も思うことだが、日本の店舗などに陳列されている物の量がどれほど多いことか、日本は小さなものから大きなものまで何でもある。経済合理性の観点もあるのだが、この辺りはどのような国民性や文化からの影響なのだろうか。日本人は物への執着が強いのだろうか。それとも単に人口の差だろうか。

朝、昼と大量に食事をしていたので、夜は「アイスのパイント食い」にしよう。1パイントサイズのアイスクリームをひたすらに食べて体に糖分を蓄えるのだ。明日も悪天候で出発したくないのだが、滞在コストが高すぎるので出発を余儀なくされている。お湯を飲みながら柔らかくなったアイスクリームを口に運んでいると、ぼちぼちと本日の宿泊者が宿に訪れてきた。あっという間に部屋は満杯になり、私の部屋の他のベッドも埋まってしまった。昨日のメンバーも交ざって彼らはこれからトランプで盛り上がるのだろうが、こちらは早起きしたいので、歯を磨いて寝るとしよう。（卵の残数：3）

こんなところに日本製品

2023年7月14日

イーサフィヨルズル最終日の朝がスタートした。ブラインドの隙間からでも分かる天気の悪さだ。滞在して悪天候をやり過ごしたいが、あと2〜3日は天気が回復する見込みはない。高い宿泊費をそこまで払えないので、荷物を全て運び出してリビングで出立の荷造りを始めよう。外が雨だとシャワーを浴びる気もなくなるので朝食の準備に取り掛かる。計画通りに冷蔵庫に残っている食材を全て食べ切ることができそうだ。

お馴染みのベーコンエッグを作り、ポップアップ式のトースターに数切れのパンを押し込み、アボカドを切ってスプーンでくり抜いて、それぞれを皿に盛り付けて完成だ。キッチンの勝手も分かってきてスムーズに作れた。以前から思っていたがベーコンだけは海外の物の方が安くて美味しい気がする。日本のベーコンは甘みが強くて好みではないし、何より高すぎるのだ。ピーナッツバターと蜂蜜をパンに塗りながら食べる。パンも枚数を減らさないとバッグに入らないので、いつもより多めに口に詰め込みコーヒーで流し込んだ。これでようやく卵10個全てを使い切ったことになる。

机に全ての荷物を出してパッキングをしていると、起きてきた男性が、「いいバイクだ」と言い、「シマノがベストだ。カンパよりもな」と続け、急に自身の思い出を語り始めた。

「シマノ」とは自転車用のブレーキやギアなどを製作している日本のメーカーだ。この分野では有名で圧倒的なシェアを持っている。実際にどの自転車にも「SHIMANO」の文字が見られるし、スーパーマーケットもないような海外の田舎でも自転車は大抵あるから、必然的にシマノも存在し分布している。カンパというのは「カンパニョーロ」のことでシマノと双璧を成しているイタリアメーカーだ。私の自転車はシマノのレース用のロードバイクに用いられるギアセット（コンポーネントと言ったりする）のアルテグラという上位グレードを使用している。かれこれ重い荷物を持って２０００キロメートル以上の走行履歴があるわけだが、変速などに不都合は一切ない。自転車オヤジの話を遮るように、別れを告げて宿舎を出た。

例のホテルへ赴いて鍵を返し、いよいよイーサフィヨルズルを離れることになった。実はこの街、当然漁場としても盛んで海の幸を楽しめるレストランやいい感じのベーカリーなどもあって、さらにはクラフトビールも有名な街なのだが、エッグマラソンのお陰で行く隙がなかった。唯一の外食もアジアンフードと間抜けな感じもするが、これも自転車旅なのである。雨の中、南東を目指す。北上が終わってやっと進行方向が変わった。

雨は諦めるとして、風が相変わらず厄介である。北東風が凄まじいのだ。アイスランドは北極圏からの強力な北東風が常に直撃していて、北側にいるとそれを直接に受けてしまうのだ。南下するからアドバンテージもありそうだが、フィヨルド地形は甘くはない。少し南下したかと思えばすぐに北上するというようにジグザグに沿岸部を進む。そのため、追い風区間もあるのだが、必ず向かい風の影響も受けてしまう。それにしても寒く、走行中の体温維持はギリギリだ。休憩で止まろうものなら体温が一瞬で奪われてしまう。風を遮断してくれるような休憩エリアなどはないので積極的に休憩できず、少し立ち止まって行動食や水を飲むことくらいしかできない。

沿岸部を60キロメートルほど走っただろうか、道路サイドにコーヒーの看板を発見し、たまらず自転車を停め、丘にポツンと建つ小さな家へと駆け上がった。なんとも可愛らしい古風な家だ。アイスランドの伝統的な家は石を積んで柵や壁にして建築されているものが多い。これほど風が強かったら当然そのようになるのだろう。扉は小さく、中も天井が低くて全体的に小さい。北欧の家全般がそうなのかは分からないが最低限という感じだ。そのお陰か、家はとても暖かい。若い女性の店員に「中で食べていくよ」と答えて席に座った。上着やダウンを脱ぐと濡れたインナーから汗が揮発して体が少し冷える。安堵と

伝統的な家でコーヒーが飲める

いうよりもボロボロで一時凌ぎといった感じだ。オフ日のお陰で体力は多少無理ができるから、今日は力業で押し込むしかないだろうなと考える。すぐにジリ貧になるような状況に小さな溜息が出た。ひとまずはコーヒーとアイスランドクルーラーというやつを注文しよう。

早速、コーヒーが入った魔法瓶とカップを持ってきてくれた。大抵は1カップごとに料金が発生するのだが、これは飲み放題ということだろうか。せっかくなので3杯は飲みたい。それにしても、魔法瓶のデザインには見覚えがある。よく見ると「象印」の魔法瓶ではないか。夏休みにおばあちゃんの家に行くと、冷たい麦茶が入っていそうな魔法瓶と言えばイメージしてもらえるだろうか。ハイセンスなカップやインテリアに完璧に溶け込んでいる様を見ると、ずっと使われていたということが分かる。品番は「BHP-1000」とあったのでインターネットで検索すると確かに象印の商品だ。品番と共にメイドインジャパンの文字も見える。同じ出身国の私に最果ての地で温かい飲み物を提供してくれたというわけだ。本当にいいものを作っていたのだなとぼんやりと思った。空になったカップを両手で包み、熱を最後まで享受する。アイスランドクルーラーは柔らかいツイストドーナツのような感じで、とにかくコーヒーによく合う。象印のホームページにあったキャッチコピーは「ホットペリカン」。本当にいいコピーだ。なんとかキャンプ場まで辿り着かなくては。

雨は止んだようだが、風は変わらずに吹いている。一心不乱に漕いでいると撮影スポットマークが出てきた。何やら奇岩があるらしい。道路脇にあるので簡単に見ることができる。ポーラス状の岩が散乱している。おそらく溶岩が固まる直前の液体状態の時に内部に気泡があり、その気泡が抜ける前に急激に冷やされて固まったのだろう。確かに妙な感じだが、溶岩も液体であるため、何ら不思議なことでもない。と、岩に対して上から目線で眺めていたら1台の車が停まり、一人のおっさんが近付いてきた。すると「写真を撮ってやるよ」と言ってきたので断るわけにもいかず撮ってもらった。撮っても仕方ないよなと、旅行者の風上にも置けない心情だったのは内緒だ。今度は逆に彼のスマートフォンを渡されたので、おっさんを撮影してから自転車に戻った。

ポーラス状の奇岩と一緒に撮影することに

フィヨルドを何度も何度も折り返し、レイキャネシ（Reykjanesi）というエリアに到着した。130キロメートル以上と強風の中では進んだと言える。この場所はガソリンスタンドがあるだけで、その他は1軒のホテルとそのホテル管轄のキャンプ場があるのみの完全に中継地といった感じの場所だ。

とりあえず、ホテルに到着して外のベンチに座り、呆然と疲労に打ちのめされていたら、建物の中から男が出てきた。姿からオートバイに乗っている男であることは分かったし、隣にそれらしきオートバイが数台停まっている。何か質問があったら言ってくれと親切にも聞いてきてくれたので、キャンプサイトの受付はどこかと尋ねると、サイト自体はこの建物の裏で、ホテル内のロビーが受付だと教えてくれた。毎回、走行直後は糖分の枯渇から、ほとんど英語など話せないのだが、今回は理解できた。到着してすぐにスポーツ飲料５００ミリリットルをがぶ飲みしていたので糖分の補給が間に合ったのかもしれない。

それならばと、受付前にキャンプサイトを確認しに行こう。共用スペースにキッチンはないが、柵や屋根でギリギリ雨と風を防げそうな感じなのでなんとかなりそうである。ロビーで支払う時に、プールはどうするかと聞かれたが、費用の観点から、悩んだ末に断ることにした。確かにホテルの横にでかい温泉プールが備え付けられていて、気にはなっていたのだ。まずはとにかくシャワーである。外部から強制的に体に熱を叩き込む必要があるのだ。着替えを持ってシャワー室に駆け込む。室内は完璧に暖房されていて暖かい。こんな小さなスペースにもしっかりと暖房を配備してくれるのは本当にありがたい限りだ。蛇口を捻ると高温の温泉が出てきたので、慌てて冷水蛇口を捻り、温度を少し熱めに調整して床に座って浴びた。座ってシャワーを浴びると、落下中に少し冷めるので少し熱いくらいがちょうどいいのだ。壁にもたれながら頭からシャワーに打たれ、体を伝って落ちるお湯で手足の指が温まり、感覚が徐々に正常になってくる。ようやくこの瞬間で一日が終わったと実感する。外は寒いので出たくないが明日のために食事もしないといけない。一緒にシャワーを浴びた衣服を絞り、オフの服装に着替えて外に出る。シャワー室内が湯気

洗濯、寝床の準備、炊飯と忙しいキャンプ風景

で満たされ、カーテンの外に掛けていたダウンを湿らせてしまったのは失敗だった。余裕ができ始めると温泉プールに入ってもよかったかもしれないと思えてくる。次にプールがある時は利用しようか。

さて食事の用意だ。このキャンプ場には流し台はあるが、それ以外のキッチン設備はない。気温が低いのでガソリンストーブで調理しよう。米を炊き、炊き上がりにカレーソースを投入してお気に入りのニシンの缶詰を副菜にして食べる。もう少し辛いカレーソースでもよかったかもしれない。調理中にファミリーキャンプをしている一人の女性に話しかけられたのだが、いきなり日本人かと尋ねられた。他のアジア人と何がどう違って見えるのかは分からないが、どうやら私は日本人顔のようだ。

本来のテントエリアではなく、共用スペースのベンチの横にテントを敷いて寝ることにしよう。テントを芝に敷くと濡れたりするので、なるべく敷きたくないのだ。

危機一髪のダウンヒル

2023年7月15日

風でテントがバタつく音で目が覚めた。昨日はレイキャネシキャンプサイトの屋外共用スペースの一角を占領してテントを張ったのだ。壁板に隙間があるので完全には風を遮断できなかったのだが、ちょうどいいくらいの風がテント内を吹き抜けていたようで、結露などはしていない。手洗いの洗濯物も若干湿ってはいるがそこそこ乾いている。風のメリットと言えるがトータルではデメリットの方が遥かに大きいので勘弁してもらいたい。

本日の朝も寒いので、寝袋、エアマット、テントを収納してシャワー室へと駆け込み、着替えついでに熱いシャワーを浴びた。アイスランドは暖かいメキシコ湾海流に囲まれているので一日の温度変化が少ない。白夜とはいえ、日照量が減るので夜間や早朝は当然気温が下がるのだが、日中と比較してそこまで変化するものではない。ましてや、曇りならなおさらである。従って、シャワーで時間を潰して日が昇るのを待っても埒があかないのだ。冬に見られる、布団から出たくない症候群と同じような状況だが、意を決してシャワーを止めて着替えを始める。食べなければ体温が上がらないので、朝食に準備していたお菓子のチーズラスクと行動食用のクッキーを食べる。本日はスーパーマーケットのあるホールマビーク（Hólmavík）という街まで行く予定なので、行動食を全て食べ切ってもいいだろう。改めて、自転車乗りは食べてペダルを漕ぐことくらいしかやることがないのだ。昨日の女性も起きてきて、「You are brave. Everything is OK?（勇敢だね、準備は大丈夫？）」と聞いてきてくれた。「Yes.」と答えたが、本音としては大丈夫と思いたいというくらいである。

荷物をまとめてホテルの方へ向かった、特に用はないのだがエントランスに入って採暖していると、男性スタッフが声をかけてきた。

「コーヒーはあったりする？」と尋ねると、席へ案内されてコーヒーを持ってきてくれた。おそらく有料だろうが仕方ない。それに温かい飲み物は嬉しいので、地図を確認しながらゆっくりするとしよう。2杯目も勧められたので遠慮なく頂いた。出立時にはしっかりと請求されたが、ありがたいことに1杯分だけだったので、2杯目はサービスしてくれたようだ。風に押し出されるようにレイキャネシを出発した。この日が最も危険な走行となることも知らずに。

いつも通りにフィヨルド沿岸部を走行し、道路はやがて内陸に向かい始めた。ここから上りで斜度は相当キツかったが、事前調査通りに追い風である。小さな滝や川を脇目に上っていく。この国の上り坂は最後まで徹底的に上らせるので、空が近くても、見えるところがピークだと勝手に決めつけて希望を抱かない方がいい。その先にもカーブしたり、小高い丘があったりするのだ。垂れた汗が自転車のハンドルに落ちる。

次第に斜度が消え、平坦になった。高台のようなところを走っているようだ、どれくらいの高度なのだろうか（後でGPSログを確認すると、標高500メートルほどだった）と思いながら周りを見渡すと、アンテナを発見した。アンテナは山頂付近に建てられる場合が多いので、どうやら上りは終わったようだ。ここから下りればホールマビークの街である。時刻も14時頃で余裕がある。ひと安心した時、空気が変わった。サッと冷たい空気が流れ込んできたのだ。空は一面の曇り空で夕立は考え難いが、そんな状態でも急に雨は降るのだろうか。時間的にも日が傾くには早すぎる。その時、左前方に霧のようなものが発生してきた。近い経験をしたことがある気がする。スキー場だったり、寒さの厳しい日の冬で寒気が入ってきた時の感覚だ。凍てついた空気が辺りを包み、急に静かになるあの感じである。雪がないこと以外は酷似している。ここにはスキー場のような屋内施設もないし、毎日寒さとギリギリの闘いをしている自転車だ。何となく嫌な予感がする。

やがて道路は下りになり、自転車の速度が上がっていくのだが寒すぎる。下げていたジッパーを首元まで上げて保温に努めるが、指が動かない。ブレーキをかけないと速度は簡単に時速50キロメートルを超えるほどのダウンヒルである。ほんの少しの操作が命取りだ。

危機に瀕すると頭は冴えてくる。現在は東に向かっているので、西に沈む太陽の影になりやすいのだ。周囲の地形を確認すると南西に山があり、背を向けて下っている。そのため、この時刻でも太陽の影になり、昼過ぎくらいから急に気温が落ちる。すなわちそれは局所的な「夜」を意味するのだ。さらに小雨も降ってきた。泣きっ面に蜂とはこのことである。

薄手の手袋（インナー手袋を購入して利用していた）をしているが、ついに耐え切れずに、坂の途中で停まっては指を温めてを繰り返す。早く高度を下げて少しでも高い気温を獲得しなくてはならない。さらに山影から距離を取らねば、刻一刻と気温が下がってしまう。下りながら、片手を背中に回して衣服の中に入れると熱気で回復する。それを交互に繰り返すが、この状況で片手運転は危険だ。さらに熱気で湿った手をハンドルに戻すと余計に冷える。

そのうちに足も震え、自転車全体が揺れている。無理矢理に足を突っ張って震える足とフレームを固定するが、こちらも片足ずつしかできない。この速度で落車したら生きていられるか分からない。冷たさからか左目から涙が吹き出し、視界が歪む。どうすればいいかが分からなくなってくる。まずい……冷たさは静かに思考をも凍らせてくる。ギリギリのダウンヒルの最中、ボヤけた視界で下りが緩やかになる箇所が見えた。そこまで行けば勝手に減速してくれるだろう。危険な賭けだが、ブレーキから指を離して拳を握り、寒さに耐えながら、かろうじてバランスを取って降下した。

下りが緩やかになってペダリングで足に負荷がかかるようになり、体温が回復してきた。後ろを振り向くと、下りてきた箇所が雲に覆われている。通過するのがあと1時間でも遅かったら、より冷えていただろう。低体温症になっていたかもしれない。車でロードトリップしていたらこれらの苦労もないのだが、より一層、天候、風、地形を読まねばならない。バイキング達はよくこの過酷な地で生きていこうとしたものである。

さて、二者択一を迫られるケースは仕事や生活でもあるだろう。物事を理解して極めれば極めるほど、掘り下げれば、掘り下げるほどその選択が簡単ではないケースは多い。最終的には「トレードオフ」にぶつかるのだ。自転車というよりは、自然を相手にすると、究極レベルのトレードオフをいきなり最初から突き付けられる感覚がある。自転車を降りるか、乗るか、手を温めるか温めないか、クッキーを食べるか食べないか、自然の中にいると簡単な小さいことでも判断を間違えれば大事に至る。ここまでくると、生きていることと自体が運がよかっただけとも思える。つくづく、自然は気まぐれで残酷だ。

命からがら、やっとホールマビークの街が見えてきた。キャンプサイトは街の入り口すぐに位置しており、隣に建っている立派なスポーツ施設が管理をしているようだ。そして道路を挟んでガソリンスタンドとスーパーマーケットがある。この街での買い物は全て、この入り口付近の場所で済むようになっている。1キロメートルほど歩けば住宅地やレストラン、カフェなどのダウンタウンがある人口300人台の小さな街である。

時間には余裕があるので、夕食前に軽く栄養補給できそうだ。スーパーマーケットでヨーグルトを買い、キャンプサイトの共用棟に入り、暖房に張り付くように壁際の椅子に腰を下ろしながら食料を机にぶちまけ、持っていたパンに蜂蜜やピーナッツバターをつけ、クッキーやヨーグルトと一緒に無造作に食べてはコーラで流し込んだ。

スポーツ施設でキャンプサイトとプールの利用代金を支払い、更衣室へ向かった。本日は体が冷えたので、絶対にプールに入ろうと思っていたのだ。そそくさと全裸になり、シャワーを浴びる。水着代わりにも利用しているサイクルパンツを穿き直してプールエリアへ向かうと、誰もいない貸切状態だった。思わず普通のプールに飛び込んで、向こう側にある水温40℃のジャグジーを目指す。どう考えてもプールサイドを歩いた方が早いと気がついたのは飛び込んだあとだ。一人もがきながら辿り着いたジャグジーに入ると、たまらず天を仰ぎ、唸り声が出た。体が温水から熱を食べている感覚で、徐々に指先に力が戻ってきた。腹が満たされ、暖が取れると気持ちが落ち着いてくる。プールで泳ぐ他の利用者も増えてきたようだ。併設されていたサウナにも行ってみよう。

ガラス戸を開けてサウナに入っても熱くはなかった。一人の男性が先客でいて、加熱機の上に置かれた石に手をかざしている。

「動いてないの？」と聞くと、「いや、暖かいからこれから温度が上がるんだろう」と男は答え、石に水をかけた。確かにほのかに熱を持っている。

この街出身だと言う男は、このスポーツ施設はオープンから2週間ほどしか経っていない新築だとも教えてくれた。

腰を下ろして待つが、室内はなかなか熱くならない。そうなると何も話さないわけにもいかないので簡単な会話がスタートした。

「〝Kjörís〟というアイスクリームがあるだろ。あれってアイスランドの会社なの？」と疑問に思っていたことを男に尋ねてみた。

「アイスランドの大手アイスクリームメーカーだね」と男は答えた。

「どのように発音するんだ？」と重ねて質問をすると、

「〝キョリース〟だ。ただのアイスはアイスランド語では〝イース〟と発音するよ」と男は答えてくれた。

なるほど英語で〝ice〟なので〝イース〟と読ませるのか。ちなみにアイスランド語では〝is〟と表記する。

「食べ物は何が有名なの？」と旅行者らしい問いを続けると、

「肉、魚は美味しいよ」と男から返ってきた。

確かにラム肉は絶品であった。魚といえばアレも聞いておくか。

「フィッシュ＆チップスはやっぱり一般的な食べ物なの？」と言う私の微妙な質問に対し、

「そうだね。よく食べられるよ。イングランドでも有名だけど、元はと言えばアイスランドが発祥なんだ。それを奴らが自分達の食べ物だと言ってるのさ。俺達は何も言わないけど」と男は熱く語ってきた。一方でサウナはまだ一向にぬるい。

やはり、どこの地域にでもローカルな争いはあるのだな。イングランドは飯が不味くて有名なので、仮に本当にそうだとしたら、アイスランドに感謝しなければならないだろう。なぜなら、英国ではフィッシュ＆チップスが一番旨いというのが定説だからだ。

そしてこの白身のいわゆる「タラ」を巡ってイギリスとアイスランドは争いを起こしている。その名も「タラ戦争」だ。調べれば調べるほど面白く、この戦争が原因となって現在の200海里排他的経済水域が結果的に制定されたのだ。数十年も争い、船体の体当たりなど過激なレベルまでエスカレートしたというのに、奇跡的に死者はゼロだったというのは単純に凄い。さすがは英国紳士と言ったところだろうか。もしかしたら、アイスランド人を本気にさせてはいけないのかもしれない。彼らは勇敢なる海の戦士の末裔なのだから。

「それと、アイスランドはビールが有名かな、クラフトビールが至るところにある」と男は教えてくれた。

「ウイスキーよりもビールが有名なのか？」何となくウイスキーが有名だと思っていた。

「断然ビールだね」と男は自信満々に答えてくれた。

それならば、今夜はまだ時間があるので、ダウンタウンのレストランに行ってみるとするかと思案していた時、

「それと、この街には○○ミュージアムがあるよ」と男は情報を付け加えてくれたが、聞き取れなかった。

「ベジ？　ミュージアム」何となく、そう聞こえたので聞き返すと男性は頷いた。

ベジ……野菜の博物館だろうか、野菜が有名なのだろうか、どういうことだろうか。ひとまず疑問は棚に上げ、体を温めたいのでジャグジーに戻ると言い残してサウナを出た。

着替えを終えてテントを設営した。このキャンプサイトには木があったので、久しぶりにテントサイルを吊すことができた。小腹も空いてきたので、ダウンタウンに行ってみよう。ピザが有名なレストランがあるはずだ。歩いて10分ほどで目当てのレストランに到着した。店内は広かったが、シングルの旅行客らしき女性と、数人の団体客がいるのみだった。店内で食事をしたいと伝え、メニューをもらって席に着いた。おすすめのピザを注文し、ガルダー（GALDUR）というクラフトビールも注文した。ワイングラスのような形状の大きめのグラスにたっぷりのビールが注がれて目の前に置かれた。

早速、口一杯に含んで喉に通す。しっかりと冷えていて、キリッとシャープな飲み応えで確かに美味しい。もちろん、自転車旅をしていると食べ物のハードルが極度に低くなるので、何を飲んでも美味しいのかもしれないが、自転車の分を差し引いた普段の生活でも飲んでみたいと思えるほど、アルコールに感動したのは久しぶりである。それと同時に、これはこの場所で飲まないと意味がないだろうなとも感じた。通常の日本人が観光でアイスランドのホールマビークに滞在する可能性はほとんどないだろう。これこそ自転車旅冥利なのだ。

気取って窓から白夜の街を眺めていたら、いよいよピザが運ばれてきた。野菜が大量に載っていて嬉しい限りだ。それにしても、欧米諸国でピザは一般的なのだろうが、この国はしっかりとしたピザ屋が多い。というより、ピザはしっかり具材を載せて焼いて出す信条の店が多いという感じだ。大きな食料品店では丸まった生地だけを販売していたりもする。日本の大衆居酒屋のような取って付けたようなピザではない。あのような物をアイスランド人に出してはピザを冒涜していると思われるかもしれない。万が一、アイスランド人を日本に招待することがあったら、ピザには注意しよう。

さて、ピザは焼きたてに限るので、急いで食べなくてはならない。1カットを手に取り、溢れるほどの具材をフォークでしっかりと生地に載せてかぶりつく。マッシュルーム、サラミ、スピナッチ（ほうれん草）、玉ねぎと渋い具材でビールとの相性は抜群だ。サラミが躍るようにカリッと焼かれているのもいい。マヨネーズソースの中にきらりと甘さが光っている。蜂蜜やメープルの風味ではないと思うのだが何を入れているのだろうか、美味しければ何でもいいかと、舌の許容度を見せつけながら、「最高に美味しい」と店員に応えた。

そして、このピザもそうなのだが、食料品店の生鮮食品を見ても珍しい野菜などは少ない。良く言えば馴染みのある野菜ばかりだ。自国で栽培できるものが少ないので、何となく当たり障りのない大衆的な野菜果物の輸入が多くなるのだろうか。そういった意味では日本人にとっても食事は受け入れやすいのかもしれない。米を使った料理は圧倒的に少な

クラフトビールと本格的なピザ、感動するほど美味しい

いが。

22時30分頃、ゆっくりと飲んでいたビールもなくなり、ピザも食べ終えてしまった。ちなみにアルコールを飲む習慣が全くないので、これがアイスランドでの初アルコールとなった。もう少し飲んでもいい気がするが会計することにしよう。このビールは1杯１５００クローナもするほど高価なのだ。日本人にしたら目が飛び出る程の値段だ。この二品でお値段は６０００クローナにもなってしまった。レジでカードリーダーにクレジットカードを通す時、「この10パーセントボタンを押してくれ」と店長風の男性スタッフに言われたので、押してみると10パーセントが加算された。

支払い後に調べるといわゆるチップだということが分かった。アイスランドにはチップ文化はないのだが、たまにチップボトルなどが置いてあることはある。夜だったから深夜割増か、他の団体客がうるさくて申し訳ないと言われたから割引かとも思ったが、うまい話はピザだけのようだ。

しかし、この規模の街でこの時間まで営業していて、あのキャパシティの店は不自然でならない。客席が埋まることなどあるのだろうか。そう考えると、この値段も高くはないのかもしれない。それと、アルコールが高価だと無駄酒がなくなり、それなりに緊張するので悪酔いもしない。日本でも酒を高くすると帰りが早くなったり二日酔い防止に一役買うかもしれない。結果的に安く済んでいる気さえもする。

テントに戻る前にサウナ男のミュージアムの話を思い出して気になった。ピザのレストランの近くにそれらしきものがある。確かに壁にはミュージアムの文字があるが、覗いてみても外観からは全く分からない。グーグルマップで確認すると「Witch.」の文字が出てきた。

(ベジ……ウィッチ、似てなくもないか)

(ウィッチクラフトミュージアム、直訳すると魔女のクラフト博物館だろうか……?)イメージが湧かない。

グーグルマップの写真もよく分からない。イーサフィヨルズルから2日間の走行と距離では大して走ってはいないが、体を思いっきり冷やしてしまった。明日はオフにして、10時からオープンするこのミュージアムに行ってみようか。魔女なんてハロウィーンくらいで、日常ではほとんど使わない単語だ。頭になかったのも無理はない。珍しい博物館には違いないので行ってみるとするか。キャンプサイトへ戻ってテントに潜り込み、寝袋に入った。

実はこの博物館、本当の魔女のクラフト（手作りの物）博物館であった。勘のいい人は分かったかもしれない。「魔女狩り、魔女裁判」などの世界史の教科書に載っていたキーワードを覚えているだろうか。この時の私はそこまで気がつくことはできなかった。

さて、この博物館には何があるのか、「グリアモール」には何が書かれているのか、「Icelandic Magic.」の一端に触れることになってしまう。そうとも知らず、今日も沈まぬ太陽の下、明日もレストランに行こうかどうか悩んだ瞬間に意識はなくなっていた。この国に引き寄せられた時点で私は既に魔女の魔法にかかっていたのかもしれない。

魔女の国

2023年7月16日

ホールマビークというアイスランド北西部、ウエストフィヨルズルエリアの人口300人ほどの湖畔の街で一日が始まる。パラパラと雨がテントを打つ音で目が覚めた。昨日、眠る直前で靴をテントのフライシートの内側に引っ掛けておいたのはいい判断だった。このようにアイスランドでのテント泊では、寒さ、雨、風のいずれかの理由で午前2〜5時あたりに一度目が覚めてしまう。本日は自転車には乗らずにこの街に一日滞在する予定で余裕があるので、二度寝することにしよう。

テントをそのままにして共用棟のキッチンへ向かった。共用棟のオープン時刻が午前7時なので、この時間までは寝ることとくらいしかないとも言える。これまでのキャンプサイトのキッチンの中では最も簡素で飾り気はないが、屋内で暖房があるだけで自転車乗りには十分である。炊飯してカレーを食べて、湯を沸かしてコーヒーといつも通りに朝食を済ました。

魔女博物館のオープン時刻が来たので、ダウンタウンへと向かった。扉を開けて受付で支払いを済ますと、説明資料の言語を尋ねられたので、英語を選択した。展示物ごとにその説明が書かれているようだが、どれだけ理解できるだろうか。歩を進めると、そこには驚きの品々が展示されていた。

これは獣の皮……禍々しいオーラだ。それに説明資料には何やら不穏な単語が羅列されている。「Virgin blood.（処女の血）」などはオフィシャルではお目にかかれない熟語であろう。さらに男性の下半身の腰から下を型取りした物がある、実物の皮ではないことを祈る……きっと蝋か何かで型取りしたのだろう、そうであってくれと願う。この空間は一体何なのだ。

壁にアイスランドの大きな地図が掲げられていて炎のマークが点在している。下には年表、西暦のアラビア数字の隣のアルファベットは人の名前のようだ。これは、そうか、魔女狩りの系譜と場所を示したものか。そしてこの人物名は処刑、すなわち火炙りになった人ということか。歴史の教科書に載っていたし、「魔女狩り、魔女裁判」という言葉はお堅い勉強の中で印象に残る単語だ。しかし、日本人にはイメージし難いし、どこか遠い国のフィクションのような認識で、社会の先生も読んで流す程度だった気がする。

この「Witch craft museum.」はそのまま「魔女の博物館」であり、魔女達が作ったものが展示されているのだ。頭の中で物語として処理していた物事を現実として突き付けられる衝撃は大きい。まさにカルチャーショックというやつだ。

外からは1階フロアのみの建物だと思ったが、2階もあるようだ。階段を上がると、そこには何やら謎の手記が多く展示されていた。暗号のように独特な文字が紙に表記されている。ところどころに（この文字は難しすぎて、理解するのは困難だ）と注釈されている。

（「Grimoire.」グリモ……？）たびたび現れる単語だが、想像がつかない。

なので、スマートフォンで翻訳させると「グリアモール」と表記されたが、全く説明になっていない。グリアモールはグリアモールということなのだ。

魔女が書いた魔術書と言ったところだろうか。各グリアモールに逸話が添えられている。一子相伝だったが寄贈してくれたというものや、いきなり現れた老婆から青年が受け取ったなど様々だ。何が書いてあるかは全く分からない。

例えば、小学生の時に、「俺達だけの暗号を作ろうぜ！」というようなことが起きるのは理解できるが、一体どういう経緯でこれほどのものを書き残したのだろうか。一方で、実際にサイエンスは錬金術や魔術がベースになっているものも多いのでバカにはできないのだ。

展示の中には天候を操って嵐を起こすことは難しいことではないという記述もあった。

拝啓、魔女さん。
これからの天気を全て晴れ、そして追い風にしてください。
敬具。

それにしても、捕まえて火炙りにしたくせに、現世では高貴に展示され金儲けに使われるとは、現代人はバチが当たりそうだ。魔女というか少し変わった人達に一方的に恐怖を抱いて、錯綜して捕らえて処刑したというのが関の山ではないだろうか。売上は保存保管費用にだけ充てられていればいいのだが。皮肉というより傲慢だ。魔術よりも人間そのものの存在の方が怖いかもしれない。海外にはこのような悲劇や事故、事件を題材にした展示物は結構多い。地元の福島県会津若松市の白虎隊など悲劇をモチーフにした観光地は日本にも多いが、日本人の感性ではせめて哀悼、鎮魂という雰囲気を付け加える。1000年ほど経過したら歴史物語のような感覚にもなるのだろうが、それは別の話だろう。良く言えば、切り替えが早いということだろうか。お土産コーナーなどを見て博物館を後にした。

アイスランディックマジックを堪能したら、既にやることはない。あとはいつも通りに食料を購入して出発準備をするくらいである。スーパーマーケットで「Kjörís」のソフトクリームを食べて寝ることにしよう。

2023年7月17日

夜間に雨はなかったようだが、エアマットの調子が悪いのか少し空気が抜けている気がする。単に気圧や温度変化で萎んでいるだけだろうか。空気圧が少なくなれば冷えるので困った問題だ。

天気は昨日に引き続き晴れで、風も落ち着いてきた。実はこの街を発つとコース的に追い風を一身に受けられるはずなのだが、こんな時に限って風は止むのである。

キッチンのある共用棟はまだオープン時刻前だがトイレは使用可能で、エントランスには居座れるスペースがある。自転車を含めた道具を全てそちらに移し、屋内でテントを畳み、道具のパッキングを行ないながら椅子に座ってポテトチップスを一袋食べてコーラを飲む。一般目線では甘い液体は健康に悪いというのが昨今の通説だが、自転車など恐ろしくカロリーを消費する活動では優秀な燃料となる。工学の世界でも、単にエネルギーを取り出すのなら液体燃料は固形燃料よりも優秀なのだ。

ホールマビークを出発、南東方向なので日光に向かって自転車を漕ぐと街はすぐに小さくなった。時折見えるのは、畜産を営む家を中心に2、3棟が集まった小さな集落と、自転車の接近に気がつかない呑気な羊、テリトリーに入ってきたサイクリストを追いかける水鳥だ。徐々に高度を稼ぎながら、風光明媚な海岸線を攻略していくと、道はやがて未舗装路に突入した。この国には主要道路でもまだまだ未舗装の部分があるらしい。おそらく人手が足りずに、工事がなかなか進まないのであろう。物理的なインフラ整備は機械化しにくい部分があるので、これだけは人口という頭数がものを言うのかもしれない。

フィヨルド地形のジグザグとアップダウンにもがきながらも、地図上の最終コーナーに迫った。ここを上り切れば、あとは下りながら追い風を受けて目的地手前の大手のガソリンスタンド「N1」に到着することができる。砂利道にタイヤを取られ苦戦したが、なんとか上り切った。高いところから見下ろすと、どうやらここからの道はフィヨルドの中腹を縫ってゆっくりと高度を落としながら進むようだ。まさにこういう道を待っていたのである。これまでは一気に上らせて、一気に下らせる極端な道ばかりで、自転車殺しといってもいい具合だったのだ。

喜んでいたのも束の間、空気が変わり、山頂の左手から霧が伸びてきた。この国は本当に大気が安定しないのだろう。道路脇の羊がこちらに向かって盛んに鳴いているが、反対側に羊の影らしきものはない。どこに向かってなぜ鳴き声を飛ばしているのだろうか。自転車を停めてメガネを掛けて、防寒対策にジッパーを上げ、荷物が濡れないようにバッグをしっかりと締め直す。追い越していく車は霧へ突っ込むとすぐに見えなくなった。濃霧の中、慎重に砂利道を下りると、視界が晴れ、道路はやがて舗装路となった。後ろを振り向くと、雲の下面を擦り切ったように面一《つらいち》にフィヨルドの山にかかっている。アイスランドと言えば荘厳な自然の写真が多いが、私にとってはこの雲の景色こそアイスランドらしいと言える。

ガソリンスタンドでハンバーガーを食べる。この呪文を唱えながら数時間ペダルを漕いでここまで来た。到着したガソリンスタンドはキッチン付きの大きな店舗だ。何を隠そうこの店舗が面する道路は「ルート1」というアイスランドを一周している主要道路、日本で言えば東海道の国道1号線に相当すると言っていいかもしれない。首都のレイキャビークまでは180キロメートルと自転車でも2日あれば十分に到達できる距離である。この主要道路に戻ってきただけで感慨深いが、感傷よりも腹ごしらえが先である。

入店してまずはトイレへ行く。お昼は過ぎているが、店内は旅行者でごった返しているのはさすがだ。タッチパネル式のセルフオーダーボードでベーコンバーガーを注文する。番号が呼ばれるのを待つのだが、アイスランド語の番号は分からないので、その後に呼ばれる英語に耳を集中する。それにしても店内が少し寒い。私が汗で濡れているのもあるのだが、欧米人は寒くないのだろうか。

カウンターでハンバーガーとグラスを受け取った。そこにあるドリンクマシーンで自分で注ぐのだろう。ドリンクも揃って席に着き、いよいよ実食である。チェーン店なのでハンバーガー自体は他のN1店舗と同じなのだが、安定の美味しさがある。付属のサウザンソースをポテトで絡め取って口に運びながら、ベーコンバーガーを噛み切り、コーラを飲むと、あっという間に食べ終えてしまった。

ここで一つ疑問というより、どちらかというと願望が浮かんだ。2杯目のドリンクを飲んでもいいのだろうか。これはいわゆるドリンクバーなのではないか。ダメでもバレないのではないか。些細なことと思わないでほしい。小事が大事なのが自転車旅なのである。まずは他の客の様子を見てみよう。今、ドリンクバーでゼロカロリーコーラを持ち帰った男性は1杯目だろう。次の女性も注文後にカップだけを先に受け取ったようだ。はっきりとしなかったが、気がついたらサーバーの前に立っていた。ここまで来たら堂々と、さり気なく「いつも2杯飲んでます」という表情でコーラを注がなくてはならない。慣れた手つきを装って2杯目を席で無事に飲む。「味を占める」とはこういうことを言うのだろう。3杯目は謎の飲み物にトライしたが、炭酸水だった。

もう少し食べられそうだったので、チキンバーガーを単品で注文した。こちらは贅沢にも胸肉1枚をそのまま使用している。カラッと揚げてバンズに挟まれており、マヨソースと相まって最高の仕上がりで、噛んだ断面からは湯気が上がる。飲食中であれば罪悪感もなぜか薄まるもので、ドリンクは4杯目に突入した。

ガソリンスタンドから「ルート1」を10キロメートルほど進む場所に本日の寝床となるキャンプサイトがある。街ではないので食料は手に入らないが、学校や博物館などがある小さなエリアだ。キャンプサイトは大きなリビングキッチンの母屋が中心にあって、その周辺にキャンプサイトとして芝生がある。張り紙によると受付はなく、夜と朝に管理人が来るので、そこで料金を支払うシステムのようだ。

それにしても母屋に入った瞬間の暖かさに感動した。ここだけではなく、アイスランドはどの建物も非常に暖かい。よく見ると、サッシは木製で、ガラスはペアガラスだった。暖房には温泉をそのまま引き込んだり、熱交換して利用しているのが一般的だ。そして、必ずどこかの扉が開いて換気されている。本当に上手に暖房していると思う。これと比較して日本の家屋はアルミサッシで強烈に冷えるのだ。アルミは確かに加工しやすいし腐食に強いだろうが、熱伝導率は非常に高い。気候に合った方法を模索しなければならないのだろうが、日本の家屋の空調事情はベストではないだろう。エネルギーを過剰に投下するエアコン頼みで、冬場は乾燥が避けられないし、何より室外機はダサいというのがこの国に来てよく分かった。美術館や低湿度が必要な環境は仕方ないにしても、居住環境にヒートポンプを使った空調を使用するのはベストアンサーではないのかもしれない。この国では冷房がほとんど必要ないので単純に比較することはできないが、将来の技術的な答えがどうなるか、それとも、冷暖房のどちらかを諦める必要があるのだろうか。

バーガーを大量に食べて満腹であるので、お風呂に行くとしよう。というのもこの母屋の隣に温泉ジャグジーがあるのだ。しかも料金はキャンプサイト利用料金に含まれているのでお得すぎるお値段だ。

シャワールームで着替えてジャグジーに突撃する。水着（サイクルパンツ）を穿いていることを除けば温泉露天風呂である。冷えた体にはこれが一番だ。食事も済ましているのでゆっくりと時間をかけて温まる。そして、この地点からまた北東に進路を取るので向かい風となる。しかも、風も強くなってきているではないか。地球に殺されそうになる一方で、この温泉のような恩恵も受けられるのだが、自然にしてみれば、それすら人間が勝手に解釈して一喜一憂しているにすぎない瑣末なことなのだろう。

汗を流してリラックスし母屋に戻ってお湯を飲みながら、時間を潰す。明日は街まで行けそうなので、そこで食料を買おう。そして、朝方は風が弱まるので、その間になるべく進んでおきたい。実は今夜はテントを張るつもりはないのである。この母屋が暖かすぎるので、この床にエアマットを敷いて眠りたい。管理人も22時頃に料金徴収で来ただけで、朝まで来ないであろう。ルール違反かもしれないが、たまには寒さを忘れて眠りたいのだ。

それにしても他の利用者達は遅くまで飲んで大声で喋っている。それを楽しみにしているのだろうが、こちらとしてはいい迷惑だ。奴らに合わせていても仕方がないので、堂々と寝ることにしよう。どちらかというとモラル違反している側だが、就寝の準備を始めた。

Iceland Bicycle Solo Trip

ノースアイスランド

決別のハンバーガー

2023年7月18日

レイキャビークから200キロメートルほど、「ルート1」沿いのキャンプサイトで目が覚めた。昨日はテントを張らずに広いキッチンの母屋の床で睡眠していたのだ。誰かが来る前に朝食や道具のパッキングを済ませておきたい。何よりこの場所では寝ていない、既にテントは撤収しました。という雰囲気を出しておいた方が何かと都合がいいだろう。数人が起き出して朝食の準備をしている最中、自転車に乗って出発した。

これからの道のりは一旦北上して、東を目指す。アイスランドで二番目の街であるアークレイリ（Akureyri）はあと200キロメートルほどなのだ。今回の旅の中間地点と言ってもいいだろう。順調に行けば明日の夕方には到着できるはずだ。まずは70キロメートルほど離れたブリョンドゥオース（Blönduós）という街を目指す。

早朝に比べて徐々に北風が強くなってきたのと、若干の上り道でなかなか進まずにストレスが溜まる。こんなことならもっと早めに出ておけばよかった。ブリョンドゥオースからは東方向なので北風の影響は少なくなるのだが、そこまでは厳しいライドになりそうだ。天気も悪くて時折小雨が降るのも嫌な感じだ。

4時間ほどでブリョンドゥオースに到着した。この街にはスーパーマーケットやカフェ、レストランがある。食料を調達したら、再びお昼にハンバーガーでも食べたいところだ。まずは調理用の食料と行動食を購入しにスーパーマーケットへ向かうと、ちょうど、男性サイクリストが店内から出てきた。彼はインドから来たらしく、空港から反時計回りに（私とは逆）アイスランドを旅しているようだ。ずっと向かい風で辛いと言っていたが、それはこちらも同じだ。彼はこの辺りがチェンジングポイントになっているはずだと言う。それに関しては私も同意見だ。北風が二方向に割れて東西へ流れるのだろう。南北の縦移動になって南下すれば追い風の恩恵を受けられるに違いない。続けて彼は天気をよくチェックしろと忠告してくれた。これはその後のサイクリストも言っていたが、寒すぎて危険な時があるのだ。彼は一度寒くて動けなくなってしまって、ヒッチハイクしたことがあったようだ。無論、ホールマビークに到着する時に身をもって経験したので、無理そうな日はステイするつもりだ。「Safe and enjoy.（安全に、そして楽しもう）」と彼に言い残して入店した。

いつもの食料や行動食を買って外に出ると、今度は別なイタリア人夫婦サイクリストがベンチに座っていた。メイン道路なので、アイスランドを自転車で旅する場合、ほとんどの場合はこの道を通るのだ。これから、ツーリング用にカスタムされた自転車で旅をする同輩には大勢会うことになるだろう。

街の離れにN1ガソリンスタンドがあったので入店し、またもやベーコンバーガーを注文した。ベーコンバーガーに思い入れもないが、普通のバーガーに物足りなさを感じると自動的にベーコンバーガーになるラインナップなのだ。目の前のバーガーを食べ始めると心境に変化が生まれ始めた。それはチキンバーガーの方が魅力的なのではないかということだ。待て待て、そのようなことはあり得ない。あり得るはずがない。ビーフバーガーがチキンバーガーに劣るなどあってはならない。チキンバーガーの旨さは認めよう。しかし、王として君臨するのはビーフバーガーでなければならないはずだ。自分の中のソレを払拭するかのようにベーコンバーガーにかじりつくが、噛み締めれば噛み締めるほどチキンへの憧れが強くなっていく。最後の一口を食べ、ポテトを食べる頃にはその気付きは間違いではないという確信に変化していた。

決別。似たようなことは今までたくさんあった。鳥の唐揚げがもも肉ではなく胸肉でいいと思った時、ロースのトンカツよりヒレの方が好きになった時、ラーメンの大盛りは不要だなと思った時、何を食べたいか聞かれて蕎麦と答えた時、某コーヒーショップでフラペチーノを頼めなくなってしまった時、肉よりも魚の定食を選ぶようになった時、この感覚はまさにそれだ。気付きとは何かを失うことなのかもしれない。ナプキンで口を拭き、皿を返却口に戻して店を出た。ビーフバーガーと過ごした青春はここに置いていこう。街を離れると、今度は進路が変わって背中に風を受けることができ、天気も晴れてきた。足に力が入る。これもまた自転車旅なのかもしれない。

なだらかに下りながら風に乗って、スピードはグングン上がる。インド人の彼はこんなところを走ってきたのかと思うと同情してしまう。しかし、少しアングルが変わると横風や向かい風になるので同情するのは即座にやめた。アイスランドの特徴なのか、山を越えると風向きが変わるのだ。海からの風を山が受けては谷に流れ、そこで合わさったり、山頂で相殺したりとあらゆることが起こっている。まさに風の回廊とはこのことだろう。追い風と思っていても風が進行方向とは違う角度にある谷間に吸い込まれて消えていくのだ。そうなると今度は別な風が向かい風となってその谷間に向かうというわけだ。私は時計回りを選択したが、反時計回りでも同じくらい苦労するのだろう。

18時頃にはヴァルマフリーズ（Varmahlíð）という小さな街に到着した。小さいがキャンプサイト、プール施設、食料品も販売しているガソリンスタンドもある。キャンプサイトは奥まったところにあってガソリンスタンドから遠いのが難点だが、ここ以外に選択肢はない。車なら別な街まで行けるだろうが自転車旅にそこまでの融通はない。ここも管理人が料金を徴収に来るタイプのキャンプサイトのようだ。

キッチンが小さくて混雑しそうだが、シャワーやトイレも十分綺麗だ。それに木もあるのでテントサイルも設営できそうである。木がほとんど育たない国と思っていたが、このノースアイスランドと言われる北部エリアはそれなりに木が見られる。ホールマビークのサウナ男曰く、入植当初は国土の60パーセントくらいには木があったらしいが切ってしまったのだとか。こんな寒い場所で生活するには何かを燃やさなくてはならない。昔はどうやって暖を取っていたのか疑問だったが、やはり森林資源だったようだ。この国で木を一度切ると、風を遮ることができなくて再生に膨大な時間がかかってしまうのだろう。密集しながら少しずつ大きくならないと風で倒れてしまうので生育できないはずだ。

迷ったがプールには行かずにシャワーで済ませることにした。どっぷりと温水を浴びて、洗濯した衣類を干したら歩いてガソリンスタンドへ行ってみよう。「Olís（オリス）」ガソリンスタンドへ到着して店内を物色すると、生鮮食品もアイスクリームも何でもあるではないか。行動食としてお気に入りになっていたキャラメルもある。さて、レジ上のメニューを眺めてチキンサンドを注文するもチキンは売り切れだと言われてしまった。どうやら材料としてチキンがないようだ。しかし、まだ本格的な食事をしていないので頭が回らなくて少し固まっていると、

「ターキー（七面鳥）ならあるぜ」とバイト青年はすぐに答えたので、

「そのターキーサンドを一つ」と注文した。

席についてチキンとターキーの違いを整理しようと考えるが、今の状態では無理である。しかし、脳に余力がなかったから余計なことは考えずにすんなりと注文ができたような気もする。すぐにバイト青年がサンドを持ってきてくれた。気を取り直してそれを食べる。今までのハンバーガーやサンドウィッチよりも辛みが強いソースでインパクトがある。なるほどターキーにはピッタリかもしれない。パン、野菜、ターキー、ソースとバランスよく仕上がっている。これだけでは少し物足りないが、足りない分はこれからキッチンへ戻って自炊するとしよう。明日はアークレイリに到着できるはずなので食材は食べ切ってしまっても構わないのだ。

キャンプサイトのキッチンに戻ったが、中は利用者で混雑していたので、外のベンチで

自炊を始めた。実はアイスランド観光のメインルートに戻ったのでキャンプサイトの利用者自体が多いのだ。すると、当然のようにインフラ争奪戦が開始される。屋内の椅子や机、コンロや洗濯機などあらゆるインフラ利用は早い者勝ちなのだ。内心、車組は車という最強のインフラがあるのだからサイクリストに譲るべきと思っていたが、そんなこと言えるわけもない。利用者の少ないマイナーなエリアを走っていただけにストレスを感じてしまう。それと同時に、このストレスの起因は生物的なリソースの争奪由来なのだと自覚もする。日々、自然を相手にしていると考えがシンプルで残酷になるが、このような感覚は大抵が正しいという確信もある。出来上がったカレーにフライドオニオンを大量にかけて食べる。フライドオニオンなら食感にも変化が付けられるし、腐ったりもしないのでニューフェイスとして購入してみたのだ。目論見は大方当たりで悪くない感じだ。

キッチンルームで寝ようかとも思ったが、利用客がまた遅くまでたむろするのだろうし、狭すぎて他人を無視して寝ることは不可能だ。外にテントをさっさと設営して寝る方が建設的だ。珍しいテントなのでたまに声をかけられるのだが、なるべくそうならないように注意しながら迅速に設営し、逃げ込むようにテントに潜り込んだ。

旅の中間地点

2023年7月19日

ヴァルマフリーズのキャンプサイトで朝を迎えた。まだ寝ていたいが、本日はアークレイリまで到達できる予定なので頑張って早めに出発しよう。朝が早いのでキッチンエリアには誰もいない。欧米人は朝に弱く、前にも述べたがアジア人は比較的早起きな気がする。テントや寝袋を片付けてキッチンエリアに運び、朝食作りを始める。昨日ガソリンスタンドで買ったソーセージを茹でて、少し炒めて完成だ。主食はパンにバターやマーマレードをつけて食べた。気温が低いのでバターとジャムくらいなら携行していても問題ない。精肉も所持できるのではと考えたが、値段が高く、腐敗したら悲しいので持つことはなかった。外気温が低くても直射日光が自転車のサイドバッグに当たると中はそれなりの温度になるのだ。コーヒーをたらふく飲んでキャンプサイトを離れた。

天気は久しぶりに青空の方が面積が多い。そこに風が吹き抜けるのでカラッと乾いていく。日光はあるのだが止まると寒い。これもアイスランドらしい天気と言える。少し進むと山道に差し掛かった。山肌の麓辺りには森林群が点在している。大学の時に流体力学の

川沿いの峠道、この先にアークレイリの街がある

授業で習ったが、壁際は風の影響が少ない。壁面では流速（風の流れ）はゼロに近付くほどなので、斜面と平地面に挟まれるコーナー部分は風が最も弱い場所のはずだ。やはり、自然科学はある程度普遍的で正しいのだろう。

長い上り坂の途中に休憩所が見えてきた。景色もいいので休憩しよう。ボトルを取り出して水を飲み、昨日買った謎のパンを食べてみる。食パンを柔らかいサーターアンダギーにしたような感じだ。特に甘くもなく、お世辞にも美味しくはないのだが、いつの間にか全部食べてしまっていた。何事も「求めはしないが抵抗はない」くらいの物を選択する方が良いのかもしれない。揚げてある気がするのでカロリーはそこそこ高そうだ。リピートするかどうかは際どいラインである。一般旅行者に話しかけられたので、

いつもの問答をしながら、

「この辺りが頂上か？」と尋ねると、

「ノー。まだ4～5キロメートルは上る」と答えられて意気消沈した。

休憩所を出て粛々とペダルを回す。横に見える山には雪も残っている。アンテナ基地局があるので頂上付近に辿り着いたのだろう。追い風が消えて向かい風になり、道路脇を流れる川の流れに先ほどまで逆らっていたが、今は同じ方向に向かっている。峠は越えたようだ。

アークレイリはアイスランド北部の中央辺りに位置する街で、北から大きく内陸に向かって抉られたフィヨルドの最深部に形成された街である。このフィヨルドがアイスランド最大のフィヨルドだと言われているらしい。それにしても、日々地形を眺める中で本当に氷河が岩盤を削ったのか疑問に思ってきた。氷河の後退で削られた地形だと地理で習ったが、そもそも氷が岩盤を削るとはどういうことだろうか。氷河の後退とは単なる「氷の融解」ではないのだろうか。岩盤にへばりついた氷が溶けて岩が削れるとでもいうのだろうか。元々脆い箇所が氷で補強されていて、その部分が溶けて落石が発生するくらいはイメージできるが、それ以上は全く理解できない。どこかで地理の先生に出会えたら問い詰めることにしよう。

アークレイリの街が見えてきた。大きな郊外店舗やショッピングセンターがあるのは新鮮だ。まずは予約したアークレイリバックパッカーズという宿を目指そう。特に用はないが、せっかくなのでこの街には3泊くらいしてみることにする。宿は中心街にあり、1階がバーになっていて2階が宿舎だ。部屋は6人相部屋のドミトリーでアークレイリではこの宿が一番安い。1泊8000円くらいで、他の宿は2倍くらいするので金がない旅人にはほぼ一択と言っていいだろう。そのためか、同じような自転車が数台停車してある。ルート的にも経済的にも自転車乗りはこの宿に宿泊することになると言っていいだろう。

地下にシャワー室があるので、まずは汗を流そう。大きな宿なのでそこまで混むことはないのが嬉しい。シャンプーも備え付けられているのは太っ腹だ。久しぶりに髪の毛の油膜を落とすことができる。この街もお湯は温泉を直接利用しているようで少し硫黄臭がしてヌメリがある。ある意味贅沢なシャワーである。この国はお湯に温泉をそのまま利用している場合が多いが、そうすると配管が腐食しやすいのではないだろうか。温泉には様々な金属が溶けてイオン化しているはずだし、硫黄系などはなおさら金属パイプなどをダメにしそうなものである。きっとメンテナンスしやすいように施工しているのだろうが、このような細かいところが気になってしまう。有機物も含まれるので藻なども発生しそうだが、もしかしてそのようなものは全て除去しているのだろうか、謎は深まるばかりだ。

この宿にはキッチンがあると思っていたが、どうやらないようである。バーはラストオーダーが過ぎてしまったので、残っていた行動食や米などを調理して食べることにしよう。食材は食べ切って刷新しておきたいのだ。

ドリンクは注文可能だったのでビールを1杯飲むことにした。アイスランドで2杯目、中間ポイント祝いであるが、魔女の街で飲んだクラフトビールの方が美味しい気がする。これならばコーラでよかったかもしれない。とりあえず、体に休息を与えてこの街をブラブラしてみよう。部屋は自分一人だったので気楽だ。ブラインドを落とし、部屋を暗くして就寝した。

2023年7月20日

宿舎のベッドで目が覚めた。場所はアイスランドで二番目と言われる街アークレイリにある宿、その名もアークレイリバックパッカーズという旅宿だ。3泊4日で申し込んだので、のんびりしたいところだが、なぜか休日は早起きしてしまうタイプなので目覚めよく起きてしまった。地下にあるシャワー室へ向かう途中、1階のバーを横切るのだが、朝食を食べている人達がいる。粛々とした雰囲気だが、もしかしたら宿泊客には無料で朝食が振る舞われるのかもしれない。温泉シャワーを浴びて1階へ再び舞い戻る。朝食をよく見ると、ビュッフェスタイルの簡単な朝食で、「ボーナス」という激安スーパーで買ってきたハムやチーズを開封して並べたような感じで、無料であるのも頷ける。ハム、サラミ、チーズ、フルーツと皿に盛っていたら、お金は払ったかと女性スタッフに尋ねられ、

「宿泊客だよ」と微笑むと、

「1900クローナ」と言われ、カードリーダーを向けてきた。可愛い顔で毅然としている。

席に座り、高い朝食になってしまったと後悔していたが、この際、ジャムやミルクなど試したことがなかった既製品を試してみようと、シリアルのようなものから苺ミルク飲料など片っ端から食べることにした。海外では少量多品目で食料品を買うことは極めて難しい。何から何まで封入サイズが大きいのだ。日本のように一食分の豚バラ肉の薄切りといった商品はスーパーマーケットにはない。あっても単価が極端に高くなるのだ。元を取るべく、パンを何回もお代わりした。特にクロワッサンはかなり美味しかった。業者に発注しているのかもしれないが、自前のオーブンで焼きたてを出すので美味しいに決まっている。小麦食品に関して焼きたてを提供するという情熱は日本人も大いに見習いたい。食後にコーヒーを飲む頃には、出立する朝もここで食べようかと思うようになっていた。

暇なので、周辺の博物館へでも行くとしよう。自転車で行ける距離に「アイスランド航

空博物館」と「オートバイ博物館」があったので午前中はその2箇所を見学するつもりだ。航空博物館は街の端にあった。徒歩でこの街を訪れる旅行者は行きにくいかもしれない。結論から言うと、かなりいい博物館でおすすめである。

建屋に入ってすぐのカウンターで料金1500クローナを支払うと、セルフコーヒーを案内された。コーヒーを飲みながら見学できるようでお得である。建屋内には航空機や管制塔も含め、飛行機に関係する物が所狭しと展示されている。機体の展示もあって、古い旅客機の中に入ることもできてなかなかに面白い。プロペラ機のプロペラエンジンなども間近で見ることができる。当たり前と言えば当たり前だが、よく見ると格納スペースのほとんどが放熱フィンで埋め尽くされている。

実はアイスランドの飛行機の歴史はここアークレイリから始まり、後のアイスランド航空になる前身の会社もこの街で創業されたのだ。アイスランドへの渡航需要などは多くはないのだが、ヨーロッパと北アメリカとの間にあるので、間接的に戦争に巻き込まれ、良くも悪くも重要拠点となってしまったとのこと。首都レイキャビークはアメリカのワシントンDCとロシア（旧ソ連）のモスクワの直線上に位置する国で、そもそも北極海を挟むとロシアに近い。飛行機や船の燃料の補給地点としての価値が高かったのだろう。冷戦下、前に触れたイギリス（西側）とのタラ戦争では、NATOの基地があるケプラビーク

（Keflavik）の閉鎖をほのめかすことで勝利しているくらいだ。大国に挟まれることで生き残る小国、まるで中国の戦国時代の物語のようである。日本との直行便が就航される日は来るのだろうか。

次はオートバイ博物館だ。実は先にこちらに来たのだが、オープン前だったので先に航空博物館へ行ってきた。こちらは外からでもディスプレイされているバイクが何台か見える。拝観料は2000クローナとかなり高かった。結論から言うと見なくていいと思う。

こちらも大量のバイクが並んでいる……だけである。ビンテージを含めバイクが並んでいる。ひたすらに並んでいる。いつ頃にアイスランドに来たとか、アメリカの誰が譲ってくれたなど逸話が少し書いてある。要するにバイクコレクションの展示である。ホンダ、ヤマハ、カワサキ、スズキと日本メーカーも当然見られる。2ヶ月前に二輪免許を取ったばかりでオートバイのことは何も分からないからだろうか、特に何も思わずに終了した。砂浜？　か砂漠？　に埋まっていた錆びたマフラーなどの写真はよかったと思う。それを再現したようなジオラマなどの展示物や手法のセンスはさすがと言わざるを得ない。バイクマニアなら楽しめたのかもしれない。

この国のアイスクリーム

帰り道にアイスクリーム屋を発見した。大手メーカーの「Kjörís」のアイスクリームではないようだ。

(Brynja……ブリンニャ?）せっかくなので入店する。

だんだんと分かってきてはいたが、カウンターに大量のチョコレートなどのトッピングゾーンが設けられている場合、それはアイスクリーム専用である。この国ではアイスに色々なものをトッピングするのが文化らしい。店員を観察していると、客の指示で苺チョコレートの海にソフトクリームをディップしている。そしてコーティングされたソフトクリームをカラフルなチョコレートが入ったバケットに転がしている。カオスである。私の注文の順番が来た。

「スモール一つ、カップでください」と注文すると、

「どのアイスがいい？　バニラ、チョコ、ストロベリーがあるわ」と店員が選択を迫ってきた。

「ストロベリーで」と返答した。

クールに答えはしたが、この後にチョコやストロベリー（フローズンフルーツもある）をトッピングできると言うのに、なぜチョコとストロベリーをベースにしたソフトクリームアイスがあるのだろうかと、半分パニックになりながらも平静を装う。

「他には？　どうする？」と店員が聞いてきた。まるでトッピングは当然と言わんばかりの顔だ。負けてなるものか。

「このチョコレートは、キャラメルかな、これをお願い」と指を差してオーダーをする。これ以外のトッピングは外観から判別がつかず、恐ろしくて注文できなかった。支払いを済ませてクレジットカードをしまい、アイスをカウンター越しに受け取ったのだが、重い。アイスが重いのである。ずっしりと手のひらを貫く荷重、坂を上っていないのに意外なところで重力を感じてしまった。重いアイスとは一体どういう了見だ。定員への笑顔が少し引き攣ってしまったことだろう。

店内は混んでいたので、外のベンチに座ってアイスを食べよう。スプーンを取ってストロベリーソフトに突き刺すが硬い。なるほどこれが重量の原因、アイスの密度が高いのだな。確かにさっきから先端が垂れていない。トッピングで逆さにしても形状を維持できるように進化したに違いない。アイスの密度など何を言っているのか自分でも分からないが、これが事実である。味の方は、普通に甘くて美味しい。トッピングがあるので甘さ控えめなのかと思いきや、容赦なく甘いではないか。お次はチョコレートだ。チョコレートというのは薄かったり、舌に乗るくらいのサイズが普通ではないだろうか。これは1個でサイコロステーキぐらいのサイズがある。口に収まりはするがデカイ。しかもこちらも硬い。冷たく保管されていて、冷たいアイスに添えられているので当たり前ではあるのだが、10回噛むくらいまでは硬いガムのようになっている。大きくて硬いガムを想像してみてほしい。顎が疲れるのである。アイスを食べていてこんな感覚になったことはない。だんだんと口の中でチョコレートが柔らかくなってきたが、まだ3個もある。

CODバーガー

さて、宿へ戻って自転車を置き、今度は徒歩で外出をする。オフ日はなるべく自転車に乗らないで、走行に必要な筋肉を休めたいのだ。港に見えている巨大なクルーズ船の方へ行ってみよう。イーサフィヨルズルと同じで豪華客船が停泊する港のようだ。確かにアイスランドのフィヨルド港は壮観なので人気があるのだろう。治安も良い国なので乗客を下船させてもトラブルは少ないはずだ。船は近くで見るとその大きさに多少驚くくらいで、その他に港に何かあるわけでもない。ヘビィなアイスで満腹になってしまったのでランチも食べられそうにない。いつも通りにスーパーマーケットやショッピングセンターのチェックにでも向かうことにした。

海外のスーパーマーケットはいるだけで楽しいのだが、見るものといえばいつもと同じである。アレコレが有る無いと店内を物色する。入口ゲートと出口ゲートが分かれていて、出口にはレジがあるため、何も買わずに退店しづらい仕様になっている。仕方ないので空き缶としてたまに目につく「mist」というドリンクを購入して飲んでみた。甘さ控えめでスッキリしたドリンクだ。

その後はショッピングセンターに行ったが特に変わったことはなかった。日本の大型ショッピングモールみたいなもので、外から見る分にはワクワクするのだが、入ってしまうと途端に冷静になる。特殊な店があるわけでもないので一瞥してショッピングセンターを出た。

途中の露店でホットドッグを食べてそのまま宿の部屋に戻ると、一人の男性客がいたのでお互いに軽く挨拶をした。鞄一つでスマートに旅行をしているようだ。17時頃になったのでバーへ降りて食事をしよう。一度くらいはこの宿のバーで食事をしておこうかと思ったのだ。バーガーのメニューを見ると、「CODバーガー」というメニューがある。CODとは何かの略称だろうか。注文するべくカウンターへ向かった。

「シー・オー・ディー・バーガーを一つ」と言うと、店員が眉をひそめた。メニューにあるではないかと指さすと、

「コッドバーガー!!」と店員は言い直してきた。

そのまま読むのかと内心突っ込みながら、コーヒーも追加で注文して席で待つ。「COD」を調べると白身魚、すり身と出てきた。大文字で大袈裟に書くのではなく、なおさら「Cod」と普通に小文字で書いてほしいものだ。それでも、フィッシュバーガーも好きなので期待は膨らむ。

店員の「エンジョイ!」と言う掛け声と共にCODバーガーは姿を現した。なるほど、茶色いパティからチーズが垂れ、程よく炙られた肉が香る……という見た目ではない。白くスッキリとしたパティが目立つ感じだ。珍しいので半分に切って断面を確認するとトマトも確認できた。手に持って一口食べる。すり身がプリプリとしていて美味しい。牛やベーコンなどの具材に比べるともちろん淡白で、揚げられているチキンと比較してもさっぱりと仕上がっている。走行日だったら物足りなく感じるかもしれないが、オフ日にとっては悪くない。さらにポテトもフライではなく、焼かれているのが高評価だ。実はオーブンなどで調理したポテトの方が好みなので嬉しい誤算だ。備え付けのソースもサウザンソースではなく珍しくマヨソースだが、このポテトはソースなしで食べたいところだ。賑

やかなバーで食事を楽しんだ。

先ほどホットドッグを食べたのもあって満腹だ。皿を片して部屋に戻り、歯磨きをして、寝ようとした時に悲劇は起きた。

最悪のルームメイト

さらに新たな宿泊客が入ってきた。人数は残るベッドが埋まる4人だ。しかも5、6人のグループらしく2部屋に跨って滞在するようだ。こいつらはとにかくうるさい。自分達以外の人がいるのにお構いなしに大声で喋り、スピーカーで動画を見ている。何かを食べる音もするし、ひっきりなしに動いているからベッドも軋んで大きな音が出る。日本を含め今まで多くの安宿に泊まってきたが、他の客がいるのにここまで騒がしいのは初めてだ。しかも就寝時間にである。

言語的にはイタリア人だろうか、あまりの騒音に怒りを超えて呆れてしまった。なぜここまで迷惑を掛けることができるのだろうかと疑問が生じるレベルだ。アイスランドに旅行に来る人はある程度洗練されていると思っていた。なぜなら物価が高いからだ。金がある人間が全て静かなわけではないが、物価安の国や途上国の方が騒がしい旅行者は多いだろう。そもそも、自然しかない寒い国に来たがるような人間は、大人しい奴かサイクリストのような変人が多いと相場は決まっている。現にインド人のサイクリストにしても、昼間にこの部屋に来た青年も物静かないい奴だった。

このグループの中の一人はなぜか時々ジッポライターで火を点ける。もちろん何かに点火するわけではないのだが、空中で急に発光するのだからブラインドを落とした暗い部屋ではチカチカと鬱陶しい。そもそも何がしたいのかが分からない。もっとも意味などないのだろうが。そして今日は自転車に乗っておらず、疲れてもいないのでこの環境で寝るのはいつもより大変だ。黙って目を瞑りながらも恐れていたのは、明日もこいつらがいるかもしれないことだ。明日スタッフに言って対処してもらおうか。奴らは命拾いした。こちらは明日も休みであるので、ある程度は寛容になれる。もし明日が走行日だったらどうなっていたか分からない。それほどまでに信じられない出来事だった。ラテン系の人間とは一緒にいられそうにないかもしれない。

クールなルームメイト

2023年7月21日

アークレイバックパッカーズ3日目、朝がきた。当然の如く、相部屋の6人の中で一番に目が覚めたようで、他のメンバーは寝静まっているが、物音に反応したのか蠢き出した。昨夜騒いでいたイタリア人と思われるノイジーな4人組はどうしてやろうか、もし今夜も騒がしかったら、スタッフにクレームなどと生やさしい対処はせず、この手で涅槃に送ってやろう。執行猶予を楽しんでおけと言わんばかりに扉を閉め、手拭い片手にシャワーを浴びに向かった。

しかし、部屋に戻るともぬけの殻、4人組は荷物をまとめていなくなっていた。

「彼らは行ったのか?」と部屋に残った青年に聞くと、

「ああ。あいつらの友人が部屋を思いっきりノックしてきやがった。寝ているというのに」と文句交じりに答えてくれた。やはり同じように煩わしく思っていたらしい。

「グッド。今夜はいい夜になりそうだ。」と答え、彼と目を合わせる。

「サムだ。USテキサス出身。君は?」と彼は続けた。

「ユウスケ。日本だ」

「Nice to meet you.（よろしく）」

「Nice to meet you too.（よろしくな）」

共通の敵は、絆を強くするのである。一日遅れの挨拶だ。

心配事もなくなったので、今日はスーパーに行って食料を買って寝るだけである。それ以外は近隣のダウンタウンをぶらぶらしながら、たまに何かを食べるくらいにしておこう。

朝食は自前のパンにバターとマーマレードで済ませた。ジャムに関してだがマーマレードは飽きる。ジャムだけを大量に食べろと言われたとして、それが可能なのはストロベリーかブルーベリーだろう。ジャム界の2台巨頭はダテではない。せめてケトルでもあればコーヒーが飲めるのだが、この宿にはそれもない。コーヒーだけのために手持ちの火器を使うのも面倒であるので我慢しよう。

適当に道を歩いているとサムに出会った。ブレックファーストを探していると言ったが、宿の朝食しか分からないと答える。大きな街なので朝食オープンしている店は他にもあると思うが、この国はブランチ文化なので大々的に朝食を提供している店は少ないのだ。それにしても、本を片手に朝食を探すとはサムはデキル男である。

多くのカフェが道端に看板を出してメニューを載せている。その中にサーモンパスタを発見したのでランチに食べてみることにした。宿から徒歩1分の距離の場所である。早めのランチなので空いていた。魚料理の値段は高いのだが、アイスランドは漁業国でもあるので食べてみたい。これまで魚はCODバーガーを除くと、フィッシュ&チップスとスープくらいしか食べていないのだ。

程なくしてサーモンが上に載ったパスタがやってきた。平打ちのパスタに削ったチーズが振り掛けられ、サーモンはしっかりとグリルされている。日本で食べる鮭よりも脂がのっていて食べ応えはある。添えのレモンとの相性もいい。パスタもトマトも美味しいのだが、いまいち噛み合っていない気がする。グリルサーモンのチーズパスタサラダといった感じの仕上がりだ。別に悪くはないのだが、完成度が高いわけでもない。

「大根おろしと醤油をもってこい！」とどこぞの美食家のように叫びはしないが、魚の食い方という点ではやはり日本は特別なのかもしれない。

途中にあるカルチャーセンターに寄って、どこにでもある同じようなお土産を見る。アイスランドは観光立国でもあり、ところどころに土産屋がある。売られているものはどこも似たり寄ったりで、トロルやバイキング、パフィン（ニシツノメドリ）の人形とぬいぐるみ。グラス、マグ、タンブラー、羊の角などの飲料容器とキーホルダー、その他とさすがに見飽きてきた。ウールの手編みのセーターも最初は惹かれたが、そこらじゅうにあって供給過多な感じがする。要するに旅をしていると飽きてしまう。アイスランドは抜かりのない国という印象だったが、このポイントは失敗しないように今後改善してほしいものだ。観光パンフレットを手に取ると、スキー場も近いようで、アークレイリは色々なアクティビティの拠点になる街らしい。次に来る時があったらそれらを楽しんでみたい。

スーパーマーケットでパスタとボロネーゼソースを買って宿に戻った。米を食べ切ったので再びパスタに戻そう。スーパーマーケットからの帰り道にいわゆるゲームセンターを発見した。非常に珍しいので、見物ついでに入るとオープンから間もないようで店員のおじさんが清掃をしていた。クレーンゲームなどが少しあったが、奥の方には見慣れないイカした筐体がいくつもある。しかしよく見ると、そのどれにもVRゴーグルが付属している。今時はこれがあれば巨大なディスプレイは必要なくなるのだ。ゲーム自体も物凄く進化しているだろうが、そうなるとそもそも店舗まで外出してゲームをする理由がなくなってしまう。昨今のゲームセンターには不良も集まらないのかもしれない。

夕食を探しにダウンタウンを彷徨い、良さそうなバーガーショップの前で壁に貼られたメニューを凝視していると、中からサムが現れた。

「どうだった?」と店の感想を聞くと、

「美味しかったよ。この辺だと安い方だと思う」と答えてくれたので、

「OK。ここにするよ」と言ってそのまま入店した。

ちなみにルームメイトのサムと外でも頻繁に遭遇したのだが、アークレイリの中心地は本当に小さくて、旅行者同士だったら一日に何回も遭遇することになるのだ。

「チキンバーガーを一つ」とカウンター内にいるナイキのジャージを着ている中東系の男性に注文する。

「ソースはどうする？　辛さは？」とナイキ男が聞いてくる。

「マイルド……少しだけ辛くしてくれ」と注文すると、

「超辛くしてもいいか？」と冗談で言ってくる。

「カードでいいかい？」微笑みながらカードで清算した。

チキンバーガーを受け取ると、「アリガトウ」とカタコトの日本語で返してきた。

日本人であることがバレたようだ。本題のバーガーは鶏胸肉1枚をザクザク系の衣でカラッと揚げ、そのままバンズでサンドしている。チーズは潔く1枚が挟まっており、気品を感じる。熱々の分厚いチキンを噛み切ると、ピリ辛なソースも相まって上手にバンズと調和している。噛めば噛むほど食べたくなる程よい辛さだ。アイスランドのチキンバーガーにはシュニッツェル（薄くして揚げた肉）系と、この1枚そのまま系の分類がある……これ以上のウンチクはない。

腹ごしらえのあとは寝るだけである。宿に戻って歯を磨き、ベッドに入る前にサムへ、「明日経つよ」と伝えると、「俺もだ」と彼は答えた。

2023年7月22日

アイスランド自転車旅、アークレイイリ滞在の4日目、出立の朝である。寝る前に着替えは済ませていたので、そっと荷物を部屋から運び出し、自転車を停めている裏口スペースでパッキングを始め、出発準備を整えた。自転車はそのままにして朝食を食べに向かう。実は昨日のうちに朝食を出すカフェを見つけておいたのだ。宿から歩いて2分ほどのその店に一番乗りし、トーストとベーコンエッグ、トッピングにスモークサーモン、そしてコーヒーを注文した。この国に来て初めての海外らしいブレックファーストだ。これを食べると俄然やる気が出てくる。チーズやフルーツもセットで申し分ない。と思っていたら、「皮のみのメロン」がプレートに載っている。これはこういうオブジェなのだろうか。それともこの国ではメロンといえばこの外皮を食べるという習慣があるのだろうか。意図を考えてしまう。しかし、果肉部分に歯型らしきものも見える。食後にウエイターの男性が皿を下げに来たので、

「疑問があるんだけど、その……これはメロンか?」とまずは正体を問う。

朝食、既にメロンが食べられている

「ああそうだ」とウエイターは当然のように、少し怪訝な表情で答える。「なんていうのかな……えーと、既に食べられていたんだけど」と、自分でも伝わらないだろうなと思う言葉を発する。

ウエイターは首を傾けているが、無理もない。運よく運ばれてきた時の写真を撮っていたので、彼にその写真を見せると、顔色を変えて店の奥へ戻っていった。

「済まなかった。お詫びにテイクアウトコーヒーをご馳走するよ、何がいい？」

彼はすぐに帰ってきてそう言った。

紙カップに入ったアメリカーノを手に持って店を出て思う。ヘタに大袈裟にしたり、罵詈雑言を並べるよりは、このようにちょっとしたサービスで手打ちにする方が健全かもしれない。どういう事情にしろやってしまったことを戻すことはできないので、互いに駄々をこねても仕方がない。早朝出勤で大きなネズミも腹が減っていたのだろう。にしても2杯目のコーヒーである。コーヒーがあまり飲めない人だったらどうするつもりだったのだろうかと、こういうところばかりが気になってしまう。それともトッピングまでして朝食を食べるやつは何杯でもコーヒーが飲める、そんな傾向でもあるのだろうか。

ロビーに戻ると、サムが着席して宿の朝食を食べている姿が見えた。目が合ったので片手を挙げると、彼も同じように手を挙げた。鍵をバスケットに落とし、宿を出発した。まずは街を抜けて対岸に渡らなくてはならない。

対岸に渡るとそこからは上り道である。上りで始まる自転車旅にも慣れてはきたが、精神的に楽になるだけで体力的には当然厳しい。少し離れて高い場所からアークレイリを見ると街の大きさが俯瞰して分かる。背後にはヘルガルスベイト（Hörgársveit）氷河が見え、港には新しいクルーズ船が停泊している。おそらく毎日のように新しい旅客船が入港するのだろう。

アイスランド2番目の街と言えど人口は18000人と、私の地元の福島県で一番近いのは会津坂下町の人口14000人だろう。日本で言えば、近辺に住む人以外にはほとんど認知されていない規模の自治体くらいのはずだ。飛行機だけではなく造船の歴史もあると聞く。首都機能を要するレイキャビークに対し、アークレイリは産業の街なのだ。東京と大阪の関係に似ているのかもしれない。「オートバイ博物館」もそんな奴らの遺伝子が紡いだのだろう。遠目に見ても綺麗で魅力的な街だ。

山を中腹まで登り、トンネルが出てきた。このトンネルは有料らしいのだが、看板に表示されている料金表に自転車はない。勝手に無料と解釈してもいいのだが、淡い期待を胸に入り口の目の前まで行くと、馬の進入禁止の看板があった。きっと自転車もダメなのだろうな。侵入しようかと数分くらいは悩んでしまったが、踵を返して旧道へ進むことにした。3日間の休養で体力はあるはずなので真っ当に進もうではないか。迂回には2時間を要した。

蛇口から熱湯

100キロメートル先のレイキャフリーズ（Reykjahlíð）に到着した時には16時前になっていた。天気はなんとか曇りで耐えてくれた。今晩の寝床はこの街のキャンプサイトであるので、まずは受付に向かう。トイレやシャワー、キッチンやグラウンドサイトを念入りにチェックして利用料を支払った。チェックしなくともここにテント泊する以外の選択肢がないので支払わなくてはならないのだが、事前のサイト確認は旅の最後まで結局行なっていた。キッチンエリアは木造の小屋とテントを合わせた感じの簡易スペースで、直接の雨風を凌げるのはいいのだが、暖房もなくインフラは水道のみだった。

シャワーを浴びる前に、向かいにある小さなローカルスーパーマーケットへ向かった。18時の閉店前にドリンクくらいは買っておきたい。2リットルコーラ1本を脇に抱えて向かったのは、隣にあるフィッシュ&チップスをメインに提供する小さな店舗だ。半分は外になっているような店だが、仕切りはガラスで数席のカウンターもしっかりしている。メニューはフィッシュ&チップスとフライドチキンしかない。実はフィッシュ&チップスは結構値段が高く、ハンバーガーに比べるとパンがないので少し物足りなかったりもする。そのため、積極的にオーダーする品でもないが、このような専門店の時に注文するくらいなのがちょうどいい、永遠の二番手なのである。店員の女性が、

「For here or to go?（店内で食べて行くか、それとも持ち帰る?）」と聞いてきた。

これがアメリカ英語というやつか。少し戸惑ったが、聞かれる内容は想定内だったので落ち着いて、

「Have here.（食べて行くよ）」とイギリス英語で答えた。

アイスランドはイギリス英語とアメリカ英語が混ざっているのだろう。どちらを使っても嫌な顔をされるということはないようだ。

フィッシュ＆チップスが出来上がったので食べるとしよう。まずはコーラを一口頂き、砂糖を血液に注入する。ポテトが毎度のことながら熱々である。元は冷凍のポテトだろうが、口内を伝って熱さが疲れた体に伝播する。２本３本と止まらない。ソースをなしにしたので卓上の塩を振り掛けてさらにポテトを食べる。コーラの炭酸で割り込まなければあっという間になくなってしまう。木製フォークでフィッシュの方に裂け目を入れると、こちらも湯気が立って身が崩れるほどに熱を持って柔らかい。フォークですくって口に入れると淡白ながら脂の乗った白身魚の香りで満たされる。衣もカリッとちょうどいい。上り基調のコースだったので、休み明けとは言え疲れた走行だった。疲労、安堵、恍惚が交ざった溜息を吐きながら、フィッシュ＆チップスを口に運んだ。こうなると咀嚼もゆっくりになり、しまいには時間が遅くなる感覚がある。そして水分が欲しくなった時にコーラをラッパ飲みするのだ。

食後は少し歩いて、グーグルマップに載っていた徒歩で行ける謎の観光ポイントに行ってみることにした。レビューを読んでも何だか分からない。温水があって泳げるというような表記があるのだが詳細は不明だ。

車道から逸れると、一応それらしいトレッキングコースのような道が出てきた。ポイントに行くと確かにしっかりした階段が設置されていて、岩場の割れ目へ下降できるようになっている。底に下りると鎖があって、伸びている方を見ると人ひとりが通れるくらいの割れ目がある。鎖をしっかり持って割れ目に首を突っ込んで斜面を少し下りると、岩の中にちょっとした空間があって、そこに水が溜まっていた。頑張って手を伸ばして水に触ると確かに28〜30℃ほどはありそうだ。しかし、一つ言わせてもらう。そこまでして泳ぎたいだろうか、遊びたいだろうかと。答えはノーである。脱衣所もない場所で靴を脱いで着替え、割れ目を抜けて下降し、湯冷めが確定している温泉に入る余裕は自転車乗りにはないのである。大体、誰にも見えない地の底の淡水で泳いで溺れたらひとたまりもない。運が良くて翌日に発見されるくらいであろう。さっさとキャンプサイトに戻ってシャワーを浴びて食事としよう。

キッチンエリアの机を一つ占拠して料理を始める。人が多いので轟音のガソリンストーブではなく、アルコールストーブでパスタを茹で、ボロネーゼソースをかけて食べるとしよう。先に食べたフィッシュ&チップスだけでは明日の体力が不安なのだ。

ここの流しの水道のお湯の温度は80℃で飲用だと張り紙に書かれている。温泉ではなく熱交換して水道水を加熱しているのだろう。おそらく近くに地熱発電所か温泉の元湯地帯でもあるに違いない。でなければこのような太っ腹なことをできるわけがない。つまり、そのままコーヒーを淹れて飲めたりする便利な水道ということだ。

そのお湯を利用してパスタが素早く茹で上がったので、ボロネーゼソースと和えて食べてみるが、これが旨いのだ。さすがはボロネーゼである。多少は牛肉も入っているのだろう。タンパク質も他のソースよりも多いので栄養価的にも助かる。それにしても今までのキャンプ飯の中でも飛び抜けて美味しい。スティッキスで出会ったイタリア人親子が食べていたので、そのうち真似して食べようと思っていたのだが、ここまで美味しいとは。もう今後は全てこれでいいのではないだろうかとさえ思ってしまう。

パスタの後にはビスケット界の王、リッツ（ＲＩＴＺ）を食べながらダラダラとスマートフォンをいじる至福の時間であるのだが、ここで転機が訪れた。リッツをマーマレードで食べると美味しいのである。リッツの塩気がマーマレード独特の風味とちょうどいい駆け引きをしている。これは自転車旅が終わっても病みつきになりそうだ。マーマレードはこのために、リッツと出会うために存在していたのかと思うほどだ。味に飽きてきてどうしようかと悩んでいたマーマレードの嫁ぎ先が見つかってホッとした。ぜひ試してみてほしい。

実はこのキャンプサイトの端の方には木が多い。これはテントサイルの性能を十分に発揮できる場所だ。キッチンエリアで寝るアイデアもあったが、この場所もうるさそうなのでさっさとテントに引っ込んで寝るとしよう。コーラも飲めたし、いい一日となった。寝つきはよかったが、次の日がこの旅でトップを争う過酷な一日となる。

Iceland Bicycle Solo Trip

イーストアイスランド

雨の朝

2023年7月23日

パラパラと雨がテントを打つ音で目が覚めた。小降りなら大丈夫だろうと思って再び目を閉じたが、次第に雨は強くなり、フライシートを浸透して水滴がテント内に侵入してきた。実はフライシート内側の縫い目を保護するテープが剥がれてしまっていたのだ。布製品の耐水性を議論する場合、一番問題となるのは縫い目で、そこから水が染み込んできてしまうのだ。こうなると呑気に寝てはいられない。寝袋をこれ以上濡らすわけにはいかないので、テントから飛び出て荷物を全て持ってキッチンエリアへと向かった。テントを洗濯干しエリアに干すのだが、この国にしては雨が強く降っている。テントは乾きはしないだろう。とりあえず、朝食を食べてコーヒーを飲み、現実逃避をする。朝から悩むことになったのは、この場所にステイするか進むかである。暖房の効いたもっといい共用エリアがあるなら、スーパーも近いし、もう1泊するのだが、この場所は暖房もなく雨風を凌ぐだけで、じっとしていると寒い。温まりにシャワーを何度も浴びるわけにもいかない。そして悩みに時間を費やすと走行スケジュールがタイトになる。この次の街はエイイルススタジル（Egilsstaðir）といい、160キロメートル以上先に位置する。経験的に走れない距離ではないはずだが、アイスランドではまだこれほどの距離は走ったことがないし、コンディションは最悪だ。悩んでいるうちに時刻は既に9時台になってしまった。

悪天候は明日も続くだろう。アイスランドの天気は5～10日ごとに晴れと雨、曇りを繰り返す。日本の春秋の天気サイクルをロングタームにした感じで変化すると思えばイメージしやすい。なので晴れとなれば数日は晴れが続くが、雨となれば悪天候が続くのだ。テントや寝袋の状態を考えると途中でビバークはできない。走り出したら街まで行かなければならない。やはりここでも強烈な二択を迫られてしまう。設備の割に値段も高いキャンプ場で、そもそも雨が止んで乾いてくれなければこの場所でテント泊自体も難しい。意を決して進むことにした。この場所には多くのサイクリストがいたが、彼らはどうするのだろうか。

そうと決まれば時間との勝負だ。濡れたテントを畳んで自転車に括り付けて漕ぎ出すと、服はすぐに濡れてしまった。この国の雨は連日の強風が嘘のようにシトシトと静かにずっと降り続ける。僅かに吹く追い風だけが味方している。

アークレイリから沿岸部よりも内陸に入っているので、景色に海がないのは新鮮だ。レイキャフリーズの街を離れるとすぐに温泉地帯に突入した。そこらじゅうから煙が出ていて、地熱関連と思われる施設が点在している。今朝まで利用していた蛇口から高温の水が出るのは、この辺の熱を利用しているのだろう。小手先の環境活動よりよっぽどエコである。少し進むと、観光用の巨大な温泉プールがあったが、こちらは見学している時間はないので、横目に走り去った。

自転車のホイールかフレームが傾いているのか、それとも荷物の重さが左右で違うのか、そもそも運転手がズレているのか、前輪が跳ね上げた水が左足に集中してかかる。そのため、左の靴に水が溜まってきた。ペダルを漕ぐ円運動、左右に揺れる体と車体フレーム、そのどれとも合わないテンポでチャプチャプと靴の中で水が揺れている。ペダリングを邪魔しているのではないかと気になってしまうが、どうすることもできない無力感に襲われる。20キロメートル走るには1時間くらい走らなければならないし、逆に1時間走れば20キロメートルくらいは進んでいるのが自転車でもある。つまり、進むにはどうやっても漕がなくてはならず、自転車に魔法はないのだと当たり前のことを思う。時々、拳を突き出して親指からゆっくりと力強く握って小指から水滴を絞り落とす。右手、左手、そして右手と繰り返して少しでも軽く、体から余計な潜熱を奪われないように願いを込めて絞るが、それほど効果はないだろう。少し茶色い水が滴る。走っている道は少し斜度がついているような気がするが、上っているのか、それとも下っているのか分からない。

この区間には何もないと思っていたが、道路沿いにガソリンスタンドに隣接する木造の小さなカフェが現れた。時刻も13時と休憩にはいい時間だ。中に入ると室内の暖かさに救われる。壁や床の板材が新しいので新築なのだろうか。店内にはドライブ中の休息を楽しんでいる人達がたくさんいた。入り口付近の寒いテーブルしか空いていないので、仕方なくそこに荷物を下ろして上着を脱ぐ。

（あなた達よりも私の方が暖かい席が必要だ）という黒い気持ちが芽生える。

理不尽なことであるのは自覚できるのだが、自然を相手にしていると感性が野生的になる気がする。自力のみで放り出される自転車旅を続けるとこのような感覚になるのだろう。通常の人間社会での生活では傲慢というのだろうが、自然界にそんな言葉はないのかもしれない。いい場所や餌などを常に奪い合って生きているのだ。知らないか（無知）、見ないふりをしているか（偽り）、認知してやっているか（傲慢）であり、自然界だけのことではない気もする。

気を取り直してメニュー表を見ると、ラムスープなるものがあった。どこかで飲んでみたいと思っていたので注文してみよう。値段は高いが温かいスープは現状にはぴったりだ。運ばれてきたスープはラム肉の軟骨らしき部分も食べられるくらい柔らかくなるまで煮込まれていて、野菜も入っていて美味しい。スープから熱が少しでも逃げないうちに飲もうと、味わう余裕もなく飲み干してしまった。一緒に注文したケーキとコーヒーを飲んで出発準備をする。

湿ったダウンベストを着て、その上に防水ジャケットを羽織る。もっと滞在して服と体を乾かしたいが、走行時間が削られるというトレードオフをここでもまた突き付けられる。雨よ止んでいてくれと願いながら店を出るが、変わらずゆっくりと降っていた。屋内が暖かい分、外はとても寒く感じる。早く体を動かして熱を作らなくてはならない。手足の指は常に水に浸かっているような状態だ。運がいいことに気温はそこまで落ちない予報になっているが、この国はどうなるか分からない。何より、後半はエネルギー切れで体の発熱量が落ちてくる。下りなどの寒いコンディションが重なると、指が動かなくなったりしないだろうかと不安が付き纏う。道路に戻り、寒さに晒されると、次にもう1回止まったら動けなくなりそうだと感じた。もう休憩はできそうにない。

行動食で食べていたチョコでコーティングされたポップコーンのような煎餅を食べ切って、ゴミをサイクルウエアの背面ポケットに入れる。自転車に跨ったまま停車して、補給して小便までする。追い風の分走るのは楽だが、止まると背面からの風で冷えるので、走って風との相対速度を小さくした方が暖かい。最後の行動食を食べ切って残りは30キロメートルほどである。追い風まかせに斜面を駆け上がったかと思えば、下りでは風向きが変わって思うように速度が出ない。気象に関しては本当に不思議な国である。

黄色い嘴の鳥が一定間隔で鳴きながら、ジグザグに頭上を追いかけてくるように飛んでいる。鳴き声が頭に響き、コダマすると疲労もあって変な催眠にかかりそうになる。徐々に北向きになるように谷沿いを下って、巨大な渓谷を横切り、南に折り返すと最後の峠である。中腹まで登ると、そこから上は霧の中だ。物理的にも先が見通せないというのは恐怖が助長される。土地勘がない場所で濃霧へ入る直前の不安は慣れない。

建物が増えたかと思うと、道に歩道が付き、街が現れた。川に架かる橋を渡ると空港が見え、エイイルススタジルに到着した。早速、中心地付近にあるキャンプサイトへと向かった。受付で宿泊部屋のようなものはあるかと尋ねると、隣のバーがホステルも兼業で営んでいると言われたので、バーへ行ってみると、宿泊できるのは予約者のみだと言われて追い返された。この国はロードトリップしやすいのだが、ほぼテント泊一択で急に泊まりたい時のソリューションがない。その日の思いつきでは泊まれないのだ。この点だけは不満である。モーテルなどを充実させてほしいが、いかんせん30万人国家であるからやむを得ない。外国人観光客をよく受け入れている方である。

テントはずぶ濡れで使えないのだが、問題を棚上げし、ひとまずキャンプサイトにチェックインする。こんな日は皆が屋内スペースに集まるので人口密度が高い。ガヤガヤしながら洗濯や乾燥機を回している。シャワーを浴びに行くが、シャワー室は床が砂で汚れている。まずは丁寧にシャワーで砂を流すことから始まった。日本では海水浴場くらいでしか必要のない作業だ。早く湯を浴びたい。ここの温水も独特な香りがあるので温泉のようだ。体に外部から熱が入ることで初めて緊張が解ける。シャワーの水圧が心地良い。ずっと浴びていたいのだが、まだ近所のピザ屋がオープンしているのでそうもいかない。早急に体を拭き、着替えて雨の中徒歩で向かう。食事より優先すべきことなど、ほぼない。

10分ほど歩いてピザ屋に到着した。中に客は多いが、地元民なのか観光客なのか雰囲気からは区別がつかない。ちょうど、入り口横の二人掛けのテーブルが空いていたので案内される。生ハムの載ったピザを注文するとクラフトビールも勧められたので一緒にオーダーした。先にきたビールを飲むが、個人的にはやはり魔女の街のクラフトビールであるガルダー（GALDUR）の方が美味しい気がする。

お待ちかねのピザが運ばれてきた。細かく刻まれた生ハムが載っている。1カットを手にとって一口、二口と食べ、耳まで口に放り込む。甘みを感じて、ピザをよく見るとレーズンがまぶされていた。勝手に手が動いて食べているので、手元にあるピカンテオイル（辛いオリーブオイル）をかける隙がない。自分でも体をうまくコントロールできない。ピザを食べるロボットと化している。ベーシックなチーズピザをもう1枚食べてキャンプサイトへと戻った。ビール1杯とピザ2枚で料金は７５００クローナほどだった。

問題はここからである。洗濯機を回して、空いているスペースに干す。屋内に干す場所があるのでこれは乾くだろう。靴の中に持参したキッチンペーパーを突っ込んでトイレのヒーターの上に載せた。靴は一日で乾かない気もするが、これはヒーター次第か。靴のソールが溶けないか心配である。

受付のある共用スペースは玄関、キッチン、リビング、ロビーを合わせたような空間になっていて、受付は閉まるが24時間オープンしている。現在、腰掛けているソファでこのまま寝てはダメだろうか。というかそうしよう。いや、それしかない。それにしても集まった人達が騒がしい。友人らとでキャンプをしに来ているのだから分からないでもないが、一人で外を走る静けさに慣れると、ちょっとした音が気になってしまってしようがない。人の話し声に限らず、人工音全てが不快に感じる副作用があるのである。日の前のソファに座っている無骨で巨躯なオヤジも同じようにこの場所で寝たいのだろう。このスペースは寝袋が必要ないくらいに暖かいのだ。疲れには勝てず、割り切ってソファに横になると、すぐさまその疲れが騒音を消してくれた。

境目の街

2023年7月24日

場所はアイスランド東部、イーストアイスランドと呼ばれるエリアの中心的な街であるエイイルススタジルという街にある、キャンプサイトのロビーで目が覚めた。昨日は共用エリアのソファで横になって寝たのだった。

毎度のことながら一番に早起きしてしまったようで、他に起きている人はいないようだ。バッグから食パンを取り出して、ポップアップ式のトースターにセットする。ジャムとバターを取り出して机に並べ、電気ケトルで沸かしたお湯でコーヒーを啜りながら、もう1泊することを考える。テントも寝袋も濡れてしまっているので乾かさなくては進めない。

壁の張り紙には、このソファは寝る場所ではない。追加料金を徴収すると書いてあったのに気がついた。防犯ビデオを確認されたらアウトだろうが、今のところお咎めはない。

スタッフが来た時は既に食後のコーヒータイムだったので、偶然にも現行犯逮捕は免れたのだ。早起きは三文の得とは良く言ったものだ。

天気は曇りで雨が降りそうな気もするが、これぱかりはどうしようもない。敷地内の木を使ってテントサイルを張って設営する。全体的にぐっしょりと濡れているが、設営さえできれば、浮いているわけだから勝手に乾くのがこのテントのメリットだ。寝袋とエアマットは洗濯物を干す用に張られたロープに掛けておこう。雨だけ降らないことを祈る。

このキャンプサイトには自転車乗りが多い。ルート1を走るようになってから多くのサイクリストを見てきたが、この街は特に際立っている。それもそのはず、地図を見ると分かるのだが、この街はアークレイイリがあるノースアイスランドとの境目にあり、この街を通過しないとほぼ行き来ができない構造になっている。日本では道路が網の目のように張り巡らされているが、海外ではたまにこのような関所のような街があるのだ。自動車も含めて多くの旅人が足を止める街として利用している。

食料品店の「ボーナス」と「ネット」が近いので昼食用の食材を買ってこよう。どちらもアイスランド全土に展開しているチェーン店で、売っているものに大差はないのだが、結局はどちらにも行ってしまうのが、旅人の慣行と言えよう。行動食以外に買ったのはベーコンと卵のみだ。慣れないキッチンで大掛かりな調理はしたくないし、冷蔵庫もないので食材は翌朝まで常温放置と使い切りが前提である。こうなるとベーコンエッグを作るくらいがベストなのだ。

テフロンが剥げていて卵が剥がれないのは共用キッチンではお馴染みだ。崩れてしまったベーコンエッグとトーストで遅めのランチにした。翌朝も同じメニューで残りのベーコンと卵を使い切るとしよう。

空いた時間はいつも通り、写真や動画のコピーと充電に時間を当てることにする。ソファの端に腰掛けて作業していると、見知らぬ人が隣に座ってきた。顔を上げると多くの人が周りに集まっている。異様な雰囲気になったところで、このグループはミーティングを開始した。英語ではないので内容はいまいち分からないが、これから観光する場所などを話し合って決めているような感じだ。外から見ると完全に私もグループの一員になっていることだろう。話し合いに参加していないのが不自然なくらいの位置に座っているのだ。他の場所でやってくれとまでは言わない。共用スペースなのでいいのだが、非常にストレスを感じてしまう。そもそも、こやつらは何を話しているのだ。キャンプや観光の余暇でどのようなミーティングが必要なのだろうか。メンバーは若く見積もっても年齢は二十歳前後に見える。自分の考えがあるなら、各々が勝手に行動してはダメなのだろうか。それっぽく話し合っても、決まることは人生を左右するような大したことではないだろう。

こういうことがあるから、一人で活動できる自転車の方が断然いいのである。他人をバカにするのは良くないが、大の大人が集まってどこへ行こうか話し合っている図は滑稽に見えて仕方がない。一人で過ごす時間が長いと他人を思いやる心を失ってしまうようだ。

昨日から放置している靴や衣類は無事に乾いたようだ。昨夜のようにロビーで寝られれば楽だが、張り紙を見てしまったことと深夜までうるさいロビーにいるのは得策ではない。乾いた寝袋とエアマットを回収してテントに入り込む。アークレイリから3日、雨で大変だったがリトライ可能な状況に戻ってきた。朝までに雨が降らなければ全て大丈夫だろう。木が陰になっているため、いつもよりテント内が暗いのでよく眠れそうだ。

2023年7月25日

テント内で目が覚めると、反射的に息を殺し、耳を澄まして雨風の状況を感じ取ろうとする。雨は降っていないようで安心する。場所は一昨日から滞在しているエイイルススタジルという街のキャンプサイトである。テントを撤収し、着替えてキッチンに向かう。他の利用客が眠っている間に朝食を済ましてしまいたい。昨日購入したベーコンの残りを全てフライパンに敷き詰め、卵を3つ落とし、ベーコンエッグにトーストを添えて完成だ。

食後は全ての道具を机に出し、決まった順序でバッグへ詰めて、その荷物を自転車に括り付ける。この街に辿り着いた時は雨に濡れて体力的にもボロボロだったが、こうして再起することができた。天気は曇りで予報では雨は降らなそうだが、気温は低い。街を出るとすぐに上り坂があるのはいつも通りだ。ここから先、この旅のゴール地点であるレイキャビークまで街と街の間隔は短い。日々、辿り着けるかどうかの不安はほぼなくなるだろう。

山を越えると街が出てきた。アイスランドの東海岸に形成されたフィヨルド沿岸の街であるが、滞在するには時刻が早すぎるので、街には入らずに素通りして先に進む。この辺りは内陸を進んでいたのもあり、東海岸の街には触れる機会が少なくなってしまったのは残念なことだが、それもまた自転車旅と言えるだろう。

ストズヴァルフィヨルズル（Stöðvarfjörður）の街に差し掛かった。この街は幹線道路沿いに形成されている小さな街だ。道沿いに小さなカフェがあるが、ベンチにだけ座らせてもらって小休止をする。クッキーを食べながら隣のストーンコレクション博物館なるものを外から観察する。1500クローナくらいの入場料が設定されているが、日本人的な感覚だと高いと言わざるを得ないだろう。欧米諸国と比較してアート鑑賞にかける予算がなかなか捻出できないのは残念でならないが、物価差も考えると先進諸国内での日本人は貧しいと考えることもできる。体が冷える前に出発しようと、自転車に跨ると周辺にいた観光客に声をかけられて、ベンチにザックを忘れてしまっていたことに気がついた。パスポートなどの大事な物をまとめていたので危うく一大事になるところだった。このようなミスを誘発してしまうのはザックを背負って走行する時と、鞄に入れる時の二形態があるからだろう。元はと言えば貴重品ポーチが破損してしまったのが原因である。旅も後半であるので現状のまま注意してなんとか乗り切りたい。

18時前、スーパーマーケットが閉まる時刻前にデューピボーグル（Djúpivogur）という小さな港町に到着できた。いつものように単価が優秀な2リットルのコーラと行動食を購入した。食事はキャンプサイトの近くにあるカフェレストランでの外食と、足りなければ手持ちの食料で間に合うだろう。

キャンプサイトはレビューで確認した通り、キッチンとリビングスペースが豪華で良い。シャワーが有料なのがディスアドバンテージではある。受付に人がいないので他の利用者に聞くと、港の横にあるホテルでチェックインできると教えてくれたので、そのホテルに向かった。キャンプサイト使用料をカードで支払うと帰り際に「アリガトウゴザイマス」とカタコトの日本語が返ってきた。ここでも日本人だとバレていたようだ。

キャンプサイトに荷物を置いて、プールに向かうことにした。シャワーが有料な時はなるべくプールを選択するようにしていた。南海岸に面するエリアはシャワーが有料であるケースが多い気がする。その点、プールであればシャワーの時間を気にする必要もなければ、ジャグジーに浸かることもできるのでお得感が高いのである。

プール施設に入って、シャワーを浴びてジャグジーに向かうと子供達が走り回っていて、保護者はジャグジーに入っている。これがこの国の日常なのだろう。日本と違うのはプールサイドを走る子供を注意する大人がいないことくらいだろうか。

お湯に浸かると体から疲労が抽出されているような感覚になる。ジャグジーの底には砂が少し溜まっている。海で遊んだ後に来る人も多いのかもしれない。手洗いした服を防水バッグに詰め、着替えをしてプール施設を出て、キャンプサイトの目の前にあったカフェへと向かった。建物が新しいので、最近建てられたのだろうか。

店内は夕食時前だからか空いている。チキンバーガーを注文して席に座る。揚げられたチキンとレタスのみがバンズに挟まった、一見シンプルなハンバーガーをスタッフが持ってきてくれた。いつものようにポテトから吟味するが大きな特徴はなさそうだ。チキンはちょうどいいくらいの厚さで揚げたてである。なるほど、ソースが特別だとメニューに書いてあった通り、単純な市販のマヨソースではない。マスタードと甘みが追加されている感じで、その後にはついついポテトを食べたくなる。もう1個くらい食べてもよかったが、予算の節約と手持ちの食料を消費しておきたいので、キッチンで小腹を満たすことにしよう。

キャンプサイトの母屋に戻り、靴を脱いでキッチンルームに入る。靴を脱ぐようにと指示があるのだが、玄関が設けられているわけではないので外（靴）と内（靴下裸足）が共通になっている部分がある。日本人的に言えば、汚れた裸足でキッチンエリアに入ることになるので複雑な心境だ。それでもルールには従っておこう。

パスタが茹で上がり、ツナと合わせて食べようと思ったが、缶切りが必要なタイプのツナ缶だった。購入時に確認し忘れてしまったようだ。キッチンを漁ると幸運にも缶切りが見つかった。しかし、缶の上部分をぶった斬るダイヤル式の缶切りだ。なぜ、外国には日本でよく見るタイプの缶切りがないのだろうか、慣れの問題かもしれないが、ダイヤル式は明らかに大掛かりで使いにくいし、ツナなどは油が必ず漏れてしまう。ダイヤル式のメリットが分からない。

ダイヤル式であっても缶切りがあるのは起死回生、ツナを取り出してパスタに投入してモリモリ食べる。かなり多めに茹でてしまったが、もう自炊は必要ない可能性が高いのでスペース確保と軽量化のためにも食べ切ってしまいたい。

このキャンプサイトも母屋でこっそり寝られそうなので、食事をした机の脇にエアマットを敷いて寝ることにしよう。明日からは比較的気温が上がるので何かと楽になるはずだ。

手洗いした服を壁際のヒーターに載せ、少しダイヤルをいじって暖かくしてから就寝した。

気のいい中国人青年

2023年7月26日

デューピボーグルという小さな港町のキャンプサイトから一日が始まる。母屋のリビングで寝ていたから少し暑いくらいで、寒さとは無縁だった。着替えをして、そのまま朝食を作ってしまおう。ソーセージを茹でて水を切って少し炙って完成だ。トースターが壊れていてパンを焼くことができなかったので、主食のパンはそのまま食べることにしよう。ソーセージは調理のしやすさとサイズ感が良くてたまに購入していたが、食べていてあまり体に合わない気がしていたので、これ以来購入することはなかった。

出発前にトイレに行きたいのだが、鍵が破損している個室があって、残りの一箇所には長蛇の列ができている。その時、港の方に「WC」の看板があったのを思い出したので向かうことにした。

人が集まっていると思ったら、小さな旅客フェリーが接岸するところだった。スタッフや看板を見るに、ツアーで観光客が寄港してバスを乗り継ぐなど、ハブとしての機能もあるようだ。その奥に公衆トイレがあったので利用させてもらおう。観光客向けなだけにトイレはしっかりと管理されていて綺麗で快適だった。自転車に戻り、本日もスタートだ。天気は曇り、進路は南西である。

相変わらず、複雑な海岸線でアップダウンしながらヘプン（Höfn）という街を目指す。距離にして100キロメートルほどなのだが、寒くて風があるので辛い。今日から少し寒気が入るようで最低気温は夏だというのに10℃を下回る予報だ。鼻水を啜りながらペダルを回す。

山肌の感じや植物の色が変化してきたように思う。どことなく淡く少し明るいトーンの配色の景色が増えた気がするが、これが南部の景色なのだろうか。珍しく道路がビーチサイドを走る区間があって、砂浜が黒く見える。もう少し先にブラックサンドビーチと呼ばれる観光名所があるらしいが、ここの砂浜も比較的黒いといえる。これがブラックサンドなのか、本格的な場所はもっと黒いのだろうかと、ぼんやりと考えながら海沿いを進んだ。

トンネルを越えて山を下り、幹線道路を外れて海沿いのヘプンへと到着したのは16時過ぎだったと思う。とにかく寒い。街に入るとすぐに今夜の寝床であるキャンプサイトとガソリンスタンドが見えてきた。地元のレストランかカフェに行きたい気もするが、目の前のガソリンスタンドで食事にしてもいいような気がする。とりあえず外のベンチスペースに自転車を停めると、同じ場所にアジア人の同輩がいた。中国人の彼はストックホルムで学生をしていて、サマーバケーションを利用してアイスランドに自転車旅に来たようだ。愛想よくハツラツとした青年で、彼もドローンを持参して撮影しながら旅を楽しんでいるとのこと。

それもそのはずで、中国はドローン大国でもある。世界的なドローンメーカー「DJI」は中国の先進企業としてその商品は日本でも有名だ。私の所持しているドローンももちろんDJI製である。ドローンに使用されるラジコン技術、バッテリー、モーターなどの電子部品、飛ぶために必要な軽量小型化などは全て日本が得意だったわけだが、その結晶のドローン産業は全て中国に完敗してしまっている。DJIの古い製品では日本メーカー製の送信機や受信機を使用する仕様の商品も多かったが、見る影もない現状は日本人としては残念でならないが、DJIが素晴らしいのだから仕方がない。

彼に今日はどこに泊まるのか尋ねるとまだ進むと言っていた。東へ向かうので私とは逆方向になる。今夜はこれから冷えるので心配だが、その笑顔なら大丈夫だろう。出会いの記念にとストックホルムの夜景を撮影したポストカードをプレゼントされた。自分で撮影した写真をこうして出会った旅人に配っているのだろう。学生と言うだけあって、なんと綺麗な心の持ち主なのだ。思えば、私も20代前半くらいまでは旅での出会いは運命だと思っていた時期があった気がするが、最近はどうだろうか、話しかけられるのも面倒に思っている節がある。輝かしい旅はどこへ行ってしまったのだろうか。

キャンプサイトの受付へ向かい、支払いを済ますと受付の男に出身を聞かれた。

「日本だよ」と答えると、男はペンを走らせて紙にメモをした。

観光地やキャンプサイトでは時々出身地を聞かれることがあるが、利用者アンケートのようなものを取っているのだろう。アイスランドは治安の良さからも観光立国として存在感がある。従って利用者の属性は大事なデータとなるわけだ。

「マンガ、アニメが好きだよ。〝ナルト〟は特に素晴らしいアニメだ」と男は日本を代表する忍者アニメのファンなのか、誰かと通話中のスマートフォンを机に展開しながら答えてくれた。

キッチンやトイレなど簡単な説明を受けて、レシートを受け取ると、電話越しにハイテンションな謎の叫び声が聞こえる。

「クレイジー……」と苦笑いして受付の男は答えた。

キャンプサイトに着いたら、着替えを持ってプールに向かうのがお決まりになりつつある。ここのキャンプサイトもシャワーが有料なのだ。歩いて10分くらいでプール施設に到着した。受付では「残り30分くらいで閉めるけどいいかい？」と聞かれたが選択肢はないので、限られた時間でしっかりとお湯に浸かるとしよう。

40℃のジャグジーに向かうも、多くの人が入り浸っている。無理矢理入ってもいいのだが、人混みは避けたいので、ぬるい35℃のジャグジーへと入った。しかし、外が寒いので不満がある。体を急速に温めたいのだ。そんな時に目に入ったのは壁沿いにあるガラス張りの扉、おそらくサウナだろう。ぬるま湯から出て、そのガラス戸を開けてサウナ室へと入り込む。ホールマビークのように壊れてはいないようで十分に熱い普通のサウナだ。途端に体から汗が噴き出る。確かに熱いのだが、こうではない。もっとゆっくりじっくりと体を温めたいのだ。窓からジャグジーを覗くと呑気な大人どもが未だに占拠している。とはいえ、ぬるま湯に浸かるよりは熱いサウナの方がいくらかマシだ。ここは耐えるしかない。外に出てシャワーを浴びて涼んでいても、40℃ジャグジーの占領軍は立ち退く気配がない。閉店までの時間も僅かになってしまったので、残り時間はサウナに籠もるしか道はないようだ。顔から噴き出る汗を手のひらでぬぐってはガラス戸越しに睨みつけておこう。

プールから上がって、スーパーマーケットへ向かうことにした。食事を先に済ませたいが、カフェなどよりも閉店時刻が早いのだ。お目当ては「冷凍ピザ」である。キャンプサイトにあった電子レンジを利用する。冷凍ピザは比較的安価に手に入り、電子レンジさえあれば簡単に調理できるので旅ではおすすめである。オーブンで焼き上げた方がいいに決まっているが、そんなものはない。たまにキッチンでオーブンが付属されている場合もあったが、故障していたり、使用方法がよく分からないケースが多いので、オーブンはあってないものと思うことにしているのだ。

冷凍ピザをザックに突っ込み、そのまま歩いて海沿いのリーズナブルらしいカフェへ行ってみるとする。そこまで広くないイートインスペースだが、ドライブスルーで立ち寄るお客が多い様子で、カウンターの横の窓から店員がひっきりなしに対応している。名物のロブスターサンドを注文すると、「フライ（ズ）は？」と聞かれたが、何のことだか分からずに聞き返すも、状況的にフライドポテトのことを言っているのだろうと咄嗟に理解してトッピングしてもらった。メニューをよく見ると、そのような表記があるので間違いないだろう。アイスランドではハンバーガーやサンドウィッチのメニューにフライドポテトがセットの場合と、そうではない時があるのだ。フライドポテトに関しては毎回確認した方がいいかもしれない。後日、判明したことだが、フライドポテトのことをアメリカでは「Fries」、イギリスでは「Chips」と言う場合が多いらしい。オーストラリアに長くいた経験から自然とイギリス英語が自分のベースになっているのかもしれない。言語はそういうものとして単語を受け入れていくためか、このような違う言い回しは簡単であってもなかなか認識が難しい。支払いをすると店員が水の入った瓶を差し出してきた。注文と引き換えに、ここで水をもらうシステムのようだ。

カウンターでロブスターサンドを受け取って席に戻る。見ため的にはソースを絡める前のエビチリくらいのサイズのエビが何匹か揚がっているように見える。ロブスターと言われると勝手に巨大な、それこそ伊勢海老のようなイメージを抱いていたが、そうでもないらしい。巨大な身をスライスして揚げているのかもしれないが、もっと絵になるようなインパクトが欲しかったのは否めない。味も普通である。むしろビーフバーガーやチキンにしておいた方がよかった気さえした。第一印象というのは罪深いもので、ロブスターはもういいかな、と心の中で思ってしまった。

外に出ると風が強く、キャンプサイトへ戻る頃にはサウナで暖まった体はすっかり冷えてしまった。

キャンプサイトの狭い屋内共用スペースは人がごった返していた。風が強くて寒いとなると、外でのんびりとはいかない。仕方ないのだがストレスが溜まる。金なのか時間がないのか、選択肢のない自分が惨めになってしまう。自転車旅の宿命と言えるが、体力よりも精神的な理由で自転車を引退するのではないだろうかと思いながら、電子レンジにピザを投げ入れて加熱する。それにしても、多くの利用者が何をそんなに話すことがあるのだろうと思うくらいに机を陣取ってずっと喋っている。むしろそれが普通なのだろうが疲れないだろうか。レンジ横のカウンター席が空いていたので隣の男の子に声をかけて座る。スマートフォンでゲームに夢中になっているが静かでよろしい。

ピザを食べたら歯を磨いて寝ることにしよう。風除けになるように柵の横にテントを敷いてフライシートを適当に被せ、飛ばないように荷物を重しにして固定する。テントの固定にはペグを打つことが一般的だろうが、好きではないので持ってきていない。テントサイルを木にしっかりと設営できると、それだけで安定するので基本的にペグは必要ないのだ。今回のように、やむを得ず地面に敷く場合は一時的に自重と荷物で固定するようにしている。その方が後片付けも楽なのだ。テント内は狭く、寝るだけで精一杯だが、寝られれば十分である。少しだけ風が抜けるようにシートをめくり、寝袋に入り込んで目を閉じた。

Iceland Bicycle Solo Trip

サウスアイスランド

氷河湖

2023年7月27日

アイスランド南東部のヘプンという港街のキャンプサイトで朝を迎えた。寝袋から外に出て、テントの底を確認する。芝の上に敷いたので濡れていないかが不安だったがテントは濡れてはいなかった。本格的に乾かす必要はなさそうだが、テントを柵に引っ掛けて荷物を持って共用エリアへと向かった。天気は変化なく曇りで風が吹いている。

ここのキャンプサイトの屋内設備にはトースターがない。残念だが、ただのパンに蜂蜜とバターを塗って食べるだけの朝食となった。パンがトーストされているか否かの差は精神的に大きい。ケトルがあったのでコーヒーを飲めたのだけはよかった。ガソリンスタンドへと向かい、オレンジジュースを購入して飲み、トイレに行った。キャンプサイトのトイレよりも清潔で店舗が暖かいので、早々に荷物をまとめて来たという算段だ。本日は気持ちも昂っている。なぜならアイスランド自転車旅のハイライトと言える氷河湖を訪ねることになるからだ。

街を出て、アイスランド一周のメイン道路である「ルート1」に戻って南西方向に進む。平坦道で追い風であるため、珍しく順調な滑り出しである。雲にも切れ間が出て、青空が覗いている。光が当たると山が神々しく見えてくる。

遠くの山と山の間、谷になる部分に白くなっている部分が見える。氷河らしいのだが、夏の気候にやられたのか、土混じりの春の雪という感じだ。あの氷河をトレッキングで歩いたり、スノーモービルで走るツアーなどもあるらしい。真冬は綺麗に白く映るのだろうが、極夜の氷河はどう見えるのだろうかと気になってしまう。

風は10時頃から強くなり、13時あたりにピークが来る。追い風なので嬉しいのだが、反対側に向かうサイクリストは苦悶の表情で手を挙げて挨拶しているように感じる。レイキャビークから500キロメートル弱の地点なので、彼らは1週間前後の期間、サイクリングしてきたであろうことが予想できる。まさに洗礼を浴びている段階とでも言うべきか、同じ苦労を存分にしてきたわけだが、大いに同情する。こちらはあと数日でゴールである

氷河湖、氷が青く見える

ため、余裕の挨拶となった。

巨大な青いモニュメントのようなものが道路から見えた。ミュージアムやテーマパークでもあるのだろうかと思ったが、近付くにつれて、それが氷の塊であると無理矢理に認知させられた。水彩画で氷を描くとそういう風に塗ってしまう、それくらいの人工色のような青だ。ここが氷河湖と呼ばれる場所らしい。

氷河湖という地形は日本では馴染みがない。調べると氷河に削られて形成された湖のことを言うようだ。海に面するとフィヨルドと呼び、内陸で淡水だと氷河湖になるということだろうか。そして特徴的なのは、この湖の北に接する氷河から、氷の塊が投げ出されている点である。従って、湖に巨大な青い氷が刺さっているファンタジーのような景観が出来上がっているという理屈だ。人から聞いた話によると、氷がかなりの高圧で圧縮されているため、このような青になるとのこと。おそらく水分子の配列が通常の氷と異なるのだろう。その結晶構造の違いで青い光を反射しているのではないだろうかと予想する。

当然、観光地となっていて駐車場は満車で、ツアーバスも入り込んでいる。氷河湖クルージングなどのツアーもあるようだ。大変に素晴らしい景色なのだが、寒いのでショップに逃げ込み、ツナサンドとコーヒーを購入した。スパイシーツナとラベルには書かれているが想像がつかない。食べてみるとなんてことはないカレー味のツナだった。

氷河湖の水は数百メートルほどの長さの川を経て海に注いでいる。時々、浮かぶほどの大きさの氷が流れて海に向かっていく。まさに桃太郎の桃くらいのサイズと言いたいが、実物の桃太郎の桃を見たことがないので、この表現は不適切だろうか。

今度は海の方へと行ってみることにしよう。自転車を海側の駐車場に駐輪し直して、浜へと降りてみる。この辺りもビーチの砂が黒い。波打ち際には氷が打ち上げられている。なんと不思議な光景だろうか。大小様々な大きさの氷がビーチに流れ着いている。日本人には馴染みのない幻想的な風景だ。神様がカキ氷でも作って散らかしたのだろうか。氷をよく観察すると、一塊で透明度のある板氷という感じのものと、ポーラス状でスカスカな塊の氷がある。さて、化学的な要因としては、ポーラス状の方は氷塊中に溶けている成分

氷河湖を経由して海に排出された氷が浜に打ち上げられる

に分布があって均一になっておらず、そのため溶けやすい部分が先に溶けて抜け落ちたのでこのような形になったと予測できる。また、物理的な理由では、やはり結晶構造の差で融点（氷が水になる温度、通常は0℃）に分布があって、融点が低い構造の方が先に溶けてしまったと仮説を立てることもできるが、答えはそれほど重要でもなければ、急いで知る必要もない。それよりも、黒いビーチに不規則に点在している氷塊を見ると、入植した人達が「アイスランド」と名付けても仕方がないと妙に納得してしまった。

ずっと見ていたいが、そうもいかない。自転車に乗って道路に戻ると風は猛烈な勢いとなっている。この先の岬までは追い風であろう。

クバンナダールス山（Hvannadalshnúkur）を右手に海岸線を進む。時折、白い氷河が山の隙間からはみ出ているのが見える。天から山の頂上に卵の白身を落とし、徐々に熱せられて白く固まると、このような風景ができるのではないだろうか。その山が南にせり出している岬までやってきた。あとは回り込んで20キロメートルほど北上すれば今夜の寝床となる小さな集落がある。この岬にはガソリンスタンドがあって小さなカフェが併設されていた。ガソリンスタンド自体は無人で、それとは別の個人店なのでグーグルマップでも見落としていた。この国の特徴なのか、このようなことは多いがサイクリストには嬉しいサプライズになる。

店内はウッドテーブルなどで落ち着いた雰囲気で、綺麗な写真が多く飾ってある。カウンターのレジ前まで行ってサーモンサンドとチョコラテを注文した。チョコラテはドリンクメニューで見かけることがあって気になっていたが、食後にはコーヒーが飲みたくなるもので、なかなかタイミングがなかった。満を持しての注文である。脂の乗った濃厚なサーモンサンドをマヨソースがしっかりと受け止めていて、そのお陰か生臭さは感じない。シンプルだが何個でも食べたくなる出来栄えだ。チョコラテは想像の通りのいわゆるホットチョコレートだ。追い風の恩恵でそこまで寒くはないのだが、このような寒い国を自転車で走るとなると飲みたくなるドリンクだ。

食後にトイレをお借りする。実はここ数日間、下痢が続いている。同じような食事の連続、疲労困憊など思い当たる節は多すぎるので疑問はないのだが、なかなかに辛い。スタッフが綺麗にしてくれたばかりのトイレで申し訳ないのだが、こちらも緊急事態なので遠慮なく使わせてもらおう。この不調はレイキャビークへゴールするまでずっと続いたが、結局は原因の特定には至らなかった。

外に出ると空が晴れと曇りで割れている。なるほど、この山を堺に東西で天気が分かれるらしい。これから先が晴れなので雨の心配がなくなるのは嬉しいし、青空はやはり気分もいい。まともな青空はイーサフィヨルズルに到着した日以来かもしれない。

スヴィナフェリ（Svinafelli）という小さな集落にあるキャンプ場に辿り着いた。18時を過ぎていたが、太陽が出ているのでかなり明るい。キャンプサイトを見学すると宿泊棟もあるようだが泊まることはできるのだろうか。受付で話をすると５００クローナで4人部屋の小さな小屋を借りることができた。久しぶりにテントを張る必要もなく、ベッドを使って寝ることができる。

シャワーを浴びにいくと、珍しい張り紙が貼ってあった。「このシャワーはガスで加温しているため、お湯を無駄にしないこと」と書かれている。地熱利用が盛んなこの国では初めての注意書きだった。無料の温泉の感覚で使われたら、管理側としては確かに困るだろう。考えてみれば、地理的に地熱を使うよりもプロパンガスを使った方がリーズナブルな場所も当然あるだろう。インフラ整備にも優先順位があるはずだ。しかし、そうなると温水や温泉が使い放題な地域とそうでない地域に経済負担に大きな差が生まれてしまう。国土も人口も日本より小さい国なので、不公平感がより顕在化するのではないだろうか。他国のエネルギー政策の最前線の事情などは分からないが、今まで当たり前に蛇口を捻ってお湯を得ていただけに少し考えさせられた。

シャワーの後は洗濯である。洗濯機があるらしいので受付で詳細を聞くと、50クローナコインが必要だと言われたので、1000クローナ札を500クローナ札とコインに両替してもらった。空港で両替はしたが、今までキャッシュを使用したことはなかった。500クローナ札の存在もこの時に知った。

受付のある建屋の地下が洗濯ルームなのだが、洗濯機は1台しかないようだ。注意書きと先に使用していた人の情報によると、50クローナコインを1枚投入すると洗濯機を5分動かせるという仕組みのようだ。さらに、コイン投入後から時間のカウントダウンが始まるので、時間を無駄にせずに素早く操作しなくてはならない。洗濯機に表示されている終了時間とカウントダウンタイマーを見比べると、前の人が終わって即座にスタートを押せば、少し余った「タイム」を有効利用できそうである。洗濯機の前に陣取り、利用者にプレッシャーをかけて、洗濯物をすぐに取り出させて、50クローナ（50円ほど）の節約に成功した。洗濯物を干しながら、なんともケチ臭いと思ったが、してやったり感もあるので困ったものだ。

ここのキャンプ場はキッチンエリアが大きく、設備もあるので一見快適そうだが利用者が多く、流しの蛇口が一つしかないので大変に混み合うことになる。コンロを使用したかったが、そのような有様なので、結局は自前のアルコールストーブで調理していた。茹で上がったペンネにトマトソースを投入し、缶詰のオイルサーディンをおかずに食す。単調なさっぱりしたメニューなのだが飽きないのがいい。冷蔵庫で冷やしておいたコーラをラッパ飲みして夕食は終了である。

部屋は小さい小屋という感じで、自転車を室内に入れると狭いのだが、流しも水道もある。ケトルが備えられているのでお湯も沸かすことができる。自室で洗い物をしていると、最初からここで調理をしていればよかったとも思ったが後の祭りだ。壁のヒーターの温度を少し上げて寝ることにしよう。ブラインドを下ろして日光を遮って、マットレスに寝転んで寝袋を掛け布団のようにして羽織る。枕になりそうなものはないかと荷物を漁り、貴重品の入ったザックを適当に丸めて後頭部に差し込む。室内の暗さと暖かさ、そしてマットレスの安心感にすぐに意識がなくなった。

スーパーファミリー

2023年7月28日

　サウスアイスランド、スヴィナフェリという小さな集落にあるキャンプ場で朝を迎えた。昨夜はテントではなく、小さな宿泊棟に泊まっていた。初めに室内のブラインドを上げて日光を部屋に入れる。せっかく、ベッドで寝るのだから、もっと早く寝て良質な睡眠を長時間取ればよかったと少しだけ後悔をした。いつものようにパンと行動食で朝食を簡易に済まし、ケトルで作ったお湯でコーヒーを淹れて飲む。今回の旅にマグカップは持ってきていなかったが、ホールマビークの魔女博物館でタンブラーを買ったのでそれを利用していた。小さくてサイズ感が良く、自転車旅にもってこいなのだ。飲み終わったら水ですすぎ、キッチンペーパーで拭いて鞄の隙間にねじ込んで荷造りした。部屋を出て受付で鍵を返し、ダートを走ってメインの舗装路に復帰する。追い風で雨の心配はなさそうだ。

　60キロメートルほどを進んでキルキュバイヤルクロイストゥル（Kirkjubæjarklaustur）という小さな街に到着した。街というべきか、住民がそれほど多いわけではなく、学校とガソリンスタンドなどがあることから、特定の機能のみを持たせて設計された集落という感じだ。自転車乗りにガソリンは不要だが、キッチン付きの店舗があって何かが食べられるだけで満点である。時刻もちょうどお昼時だ。

敷地内を見回すとガソリンスタンドの出口に「ＶＩＫ」と書かれたダンボールを持ってヒッチハイクしている二人の女性がいる。ビーク（Vík）とはアイスランドの南海岸側の大きな街であり、今日の私の目的地でもある。車がなかなか止まらないのを見ると苦戦しているようだ。それにしても、この場所でヒッチハイクしているということは、ヒッチハイクでこの街に来た可能性が高いのだろうが、なぜこの中継の街に降りたのだろうか。ドライバーと喧嘩でもしたのかな。

店内に入ってベーコンバーガーとコーヒーを注文して入り口近くの席に着く。屋内なので耐えられないほどではないが、出入り口が開放されているので少し寒い。仕切られた奥の席に座るべきと思い、移動するか迷っていたら、キッチンからコールがかかったのでハンバーガーを受け取り、結局元の席で食べることにした。パティは少しパサついていたが、これはこれで悪くない。まだ3～4時間は走行しなくてはならないので、緊張感を維持するためにはこれくらいの安っぽいバーガーがちょうどいい。ここで大満足して夕食で食欲を発散できない方が問題だ。店から出ると、ヒッチハイカーの二人はいなくなっていた。

さらに進むと、溶岩とそれを覆う苔が一面に広がるエリアもあれば、風化した岩盤が見える小高い山、割れ目から流れ落ちる滝など、アイスランドを象徴する景色が矢継ぎ早に見られた。この南部エリアが観光地となっているのがよく理解できる。

ロードサイドにトイレの看板が出てきた。街中や店舗以外で公衆トイレとは非常に珍しい。休憩も兼ねて建物に向かうと、ベンチには3人のサイクリストが既に座って休憩していた。男性二人と女性一人のチームのようだ。電話をしたり食べ物を食べていたり、一人はトラブルなのか自転車をいじっている。話すのも面倒なので距離を取りながらトイレに向かうが、有料だったので断念した。維持管理のコストは当然理解できるが、街まで我慢しよう。

自転車旅は一人でしたいものだが、目的地や行程が近いなら走行は複数人でもいいかもしれない。先頭の走者を風除けにしながらローテーションで走行すれば、体力を温存しながら走ることができるはずだ。工具などの道具類も各自が持つ必要はない。20代の頃から憧れているが、ついにそうした友人や旅人との出会いには恵まれなかったなとも思う。時間とお金、そして体力を膨大に消費してしまう自転車旅の都合を合わせることは並大抵ではなく、結局一人で行動してしまうような気もする。自転車で荒野を走るような人間は、さっさと一人になった方がいいのかもしれない。憧れと煩わしさを感じるが、どうだろうか。

ビークまであと10キロメートルほどの場所で前方にサイクリストを発見した。徐々に迫ると後方に女性、前に男性の二人組のツーリストであることが分かった。男性はリアカーを牽引している。積載量が増える自転車用のリアカーを旅に用いるパターンは珍しくはない。女性との二人旅であれば何かと荷物も増えるのだろう。それにフレームやホイールへの負担は少ないし、リアカーに支えられることで転倒がなくなるなどのメリットもある。顔が分かる距離になり、アジア人だということが分かった。「ハロー」と声をかけて抜いていく。しかしながら、追い風とはいえリアカーを牽引しながらかなりの速度で走っているのを見ると、相当な健脚である。追い抜いたものの、途中のベンチで休憩していたら、簡単に追い越されてしまった。彼らとはこの後にビークで少し話をすることになる。

風光明媚な巨岩や川を越え、海鳥が多くなってきた頃にビークの街へ到着した。街の入り口に大きなアウトドアショップやスーパーマーケットがあるが、まずはキャンプサイトへ行ってみよう。受付らしき建物に入ると、小学生くらいの男の子がスタッフとしてお手伝いしていた。

「One person, one night.（一人一晩）、車はないよ」と男の子に伝える。

その子は胸が隠れるくらいの巨大な電卓に数字を打ち込んで計算し、その数字をクレジットカードリーダーに打ち直していた。カードを通して支払いを済ませて建屋を出ると、先ほどのリアカー自転車が停まっていた。乗り手の二人は受付へと向かい、同じようにチェックインしているようだ。リアカーから中国語らしき電子音が流れていると思ったら、子供がリアカーから突然這い出て転げ落ちてきた。男の子だ。地面に背中をつけて悶えている。なんとか外に出ることができたといった感じだ。手にはラジオなのか電子機器が握られている。起き上がって、キョロキョロと周りを確認している。泣くのかなとも思ったが親を探すこともなく飄々としている。まさかリアカーの中に子供がいたとは驚きだ。自転車旅をファミリー単位でするという話は聞いたことはあったが、初めて遭遇した。自分一人分ほどのスペースのリアカーで何時間も牽引されるとは、子供ながらにどのような感覚になるのだろうか。簡単に泣いたりしない子供に育つのだけは理解できる。荒野の道路で泣いても仕方がないことは子供でも理解するだろう。何に不満を抱いても受け入れざるを得ないので、家族の絆も強くなるような気さえする。

受付が終わって出てきた両親に改めて挨拶をする。このスーパーファミリーは北米など他の地域も走ってきているらしい。凄まじい旅程だ。

「いい経験になるね」と子供を見ながら伝えると、ご両親はニコニコしていた。

このキャンプ場にはサイクリストが溢れかえっている。こんなにも多くのサイクリストがこの国を走っていたのだなと感心する。玄関口である空港がそれだけ近いのだ。

ダウンタウンを抜けて、住宅地の中の小道を繋いでプール施設へ行き、支払いを済ませていつものようにシャワーを浴びる。慣れてくると日本の銭湯感覚で裸でうろついて、プールエリアに出てしまいそうになるから危険だ。水着としてサイクルパンツを穿き直して温水ジャグジーへ向かった。

プール施設を出て、スマートフォンで夕食の場所を検索する。近所にはバーもあればピザ屋もある。現地へ行ってみて様子を見ると、バーの隣にベトナム料理屋を発見し入店した。外食で米は滅多に食べられないので惹かれたのと、なぜだかこの国でアジア料理はリーズナブルなのだ。メニューをスマートフォンで読み込んで確認し、「ナンバー3とペプシコーラを一つ」とレジの男に声をかけた。

メニュー番号のナンバー3は米、牛肉、野菜といった具材を中華鍋でさっと炒めたどんぶりのようなメニューだ。結構な野菜を中華鍋に投入しているので期待できそうだ。

出来上がった料理を受け取って席に戻り、スプーンで食べる。ゴロゴロとした一口サイズの牛肉は十分贅沢である。ライスも程よく炒められていて、醤油と思われる味付けは日本人にはたまらない。ブロッコリー、オニオンと雑多な屋台飯といった雰囲気が食欲を加速させる。ペプシコーラを飲みながら、口に具材を投げ入れて飲むように平らげてしまった。勢いに任せてもう一つ注文してしまおう。この店には麺類もあるので、次はヌードルと書いてあるメニューにした。平打ちのような麺に砕かれたナッツがかけられている。基本は同じような味付けだが、ナンバー3よりも甘みが強い。麺によく合いそうである。ブロッコリーはないが、こちらにもオニオンが入っていた。隣の席には難儀そうに箸を使っている欧米人若者グループがいるので、圧倒的な箸捌きを見せつけてやろうと思ったら、奥の大きな席に移ってしまった。変な黒髪アジア人がいると思われたのだろうか。食べ終わるとさすがにお腹が限界だ。満腹感とオニオンの辛さが鼻に残った。

キャンプサイトに戻って洗濯物を干し、テントを設営して寝袋に入る。これ以上余計なことはせずにさっさと寝てしまおう。

雨と滝

2023年7月29日

トイレに行きたくなって夜中に目が覚めた。時計を確認すると深夜の1時頃だった。寝ぼけた頭と裸眼の視力でペグで張られたロープに引っ掛からないように注意して、テント群を抜けてトイレへ向かった。スッキリしたところで朝まで再び寝るとしよう。狭いテントに舞い戻り、少し空気が抜けたかのようなエアマットに横になって寝袋のジッパーを上げて目を閉じた。

「一滴目の音」で完全に目が覚めた。雨が降ってきたのだ。ポツポツと少し高い音がテント内に響く。じっとしていたいが、破損もあって耐水性がないこのテントでは凌げそうにない。意を決して飛び出し、エアマットと寝袋を担いでトイレへと向かった。キッチンのあるリビングエリアはクローズしていて、7時からでなければ入れないので雨を防げる場所がトイレしかないのである。

個室トイレの扉の上に寝袋とエアマットをかけ、今度はテント自体を回収しに行く。こちらは濡れてしまったので外の柵に干すようにして固定した。洗濯物はもうダメだろうからそのままにしておこう。とりあえずはリビングがオープンするまで1時間以上をひたすらにトイレで耐えるしかない。風も強くなってきた。

オープンと同時にリビングに入り、一つの机を陣取って、エアマットや寝袋をトイレから運搬する。やっと一息つくことができたと、ケトルで沸かしたお湯を飲む。室内なのでいくらかマシだが、暖房が稼働しているわけではないので積極的に暖が取れたり濡れたものが乾くわけではない。

それにしてもどうしようか。何をどうすればいいのか。そもそも何について考えればいいのだろうか。現実逃避しながら持っている食パン、ジャム、お菓子やらを口に運んで機械的に食べながら、スマートフォンをいじって時間を潰す。風は強いが、雨が弱まってきたので洗濯物を回収しに行く。思ったよりも濡れてはいないが椅子などに掛けて少しでも乾かそう。

出発を見送っていたら11時近くになってしまった。ビークにもう1泊してもいいのだが、キャンプ場以外に泊まれそうな場所はない。高級な宿が多いようで1泊だけでも20000円近くはする。とはいえ、雨上がりのキャンプ場でもう1泊しても同じことを繰り返す気がする。幸い街の間隔が狭いということもあるので、長考の結果、出立することにした。トイレに行って濡れた走行服に着替えると体が寒い。自分の発熱くらいしか当てにならないのだから、こんなことならもっと早くに着替えておくべきだった。

机に散乱した道具や食料を片付けながら荷造りをして、自転車の荷台に括り付ける。ここまできたら、昨日のベトナム料理をランチに再び食べて出発することにしよう。出発準備でうろついていると、同じように準備していたチャイニーズスーパーファミリーの奥さんに声をかけられた。彼女らは既に飛行機の予約をしてあるらしく、レイキャビークまで行きたいが、おそらくこのままケプラビーク国際空港へ向かうとのこと。こちらは仕事も帰国日も未定でまだ決めていないというと羨ましがられた。

「じゃーね」と奥さんは日本語で別れの挨拶をしてきた。アニメが好きで少し日本語を覚えたらしい。

ベトナム料理店へ行き、「ナンバー3を一つ」とカウンターで注文し、グラスに水を入れ、紙ナプキンを2枚取って昨日と同じ席へと向かった。

いつものことなのだが、ビークは海沿いの街なのですぐに谷を縫って山道を駆け上がることになった。朝の強風はかなり弱まったが、追い風の恩恵を受けてなんとか上り切る。ダウンヒルではなるべくブレーキを使わずに下り坂を享受したいが、時速50キロメートルあたりを超えると恐怖でブレーキングをしてしまう。ブレーキングパッドの摩耗なのか最近は前輪のブレーキの利きが悪くなってきたので、なおさら早めのブレーキを心掛けるようにしている。

平坦を進むと、スコガフォス（Skógafoss）という案内看板が出てきた。滝……既に見飽きている。それでも道路から目視できるくらいには近かったので、せっかくなので見にでも行くことにしよう。広大な駐車場があって、観光バスも入ってきている。周辺にはレストランやホテルが賑わっているので完全に観光地化されているようだ。近くまで歩いていけるらしいので自転車を停め、歩いて接近する。水飛沫が舞っていて、周囲はひんやりとしている。一体どこまで接近できるのかと歩を進めると、やがて飛沫は雨になり、滝からの風圧も物凄いことになってきた。まるで台風のリポート映像のような状態だ。簡単に言うと嵐である。水の落下点は滝壺というように抉れているわけではなく、水がフラットな地面に打ち付けられている感じに近い。接近が困難で正確にどうなっているのかは分からないのだが。そういった意味で非常に珍しい滝と言える。ほうほうのていで逃げ出しメガネの水滴を着ている服で拭き取る。酷い目にあってしまった。せっかく、服も乾いてきたというのに再び全身が濡れてしまった。

滝から1時間ほど走行すると休憩所があった。石造りの洞穴と表現すればいいのか、アイスランドではたまに見かける伝統的な小さな物置きが草に覆われてパーキングの横にある。大して興味もないのだが、休憩の暇つぶしに少し覗いていると、立ち話をしていたお爺ちゃんが何やら言ってきた。この国はアイスランド語を公用語としているが、英語も問題なく通じる。しかし年配者には英語に不慣れな人もいるとのこと。身振り手振りから写真を撮ってくれるようだ。スマートフォンをひったくられ、中に入れと言うので、仕方なく「収まって」それなりの顔を自分のスマートフォンに向ける。「次は横に立ってみな」と合図をしてきたので、言われるがままに穴の横に立つ。隣の看板にある古い写真には同じような穴があって、お爺ちゃんはそれを指さし、

「ここにそのまま残っているんだ」と何となく説明してくれた。

「ありがとう」と感謝を述べて、写真を確認したらお爺ちゃんの指がばっちり写っていた。

クヴォルスヴォールル（Hvolsvöllur）という街に辿り着いた。本日は85キロメートルの走行と、午後からにしては十分な戦果である。まずはキャンプサイトに行くが、受付はないようだ。後で管理人が徴収しに来るタイプなのだろう。問題なのはこのキャンプサイトのシャワーが有料ということである。お札はあるのだが、コインは持ち歩いていないので厄介だ。何人かに声をかけるもコインはないという。この日は土曜日ということもあってプールは休みだとグーグルマップには記載されているのだ。コインを入手するためにわざわざキャッシュを使うというのも憚られるが、どうしたものか。望みは薄いが街の斥候も兼ねてプール施設まで行ってみることにしよう。

前情報と違って周辺道路や施設は工事しているが、プールは営業しているようだ。あと30分でクローズするらしいが、なんとしても汗を流したい。日本人の抱く運動後のシャワーや風呂への執念を甘く見てもらっては困る。短時間でもしっかりと湯に浸かり、シャワーを浴びてリラックスしたいのだ。

無事に温まり、シャワーですすいだ服を防水バッグに入れて施設を出る。キャンプサイトへ戻る前にガソリンスタンド横のショップで夕食にしてしまおう。2リットルのコーラをレジで購入し、カフェスペースでチキンバーガーを注文した。客も少なくて空いているのがいい。

キャンプサイトにはキッチンなどがある小さなキャビンがあるのだが、人数に対して狭く、落ち着くスペースがない。一方でこういったカフェは暖房も効いているし広い。寝る直前までこの場所にいた方が快適だろうから、2～3時間はダラダラさせてもらう。多くの人はキャンプを楽しむのだろうが「寝床」としてのみ利用している身からすれば、当然このような発想になってしまう。

運ばれてきたチキンバーガーは外観から一風変わっていた。グリルされた鳥胸肉2切れがそのまま挟まっているのだ。油で揚げられていないのは初めてのパターンである。かぶりつくと肉の歯応えがダイレクトに顎に響く。チキンがスッキリしている分、マヨソースとフライドポテトがちょうどいい「油加減」だ。淡白な胸肉を噛みちぎる野生味溢れるバーガーだった。ところで、隣のショップの生鮮食品コーナーで似たような下味付きの鳥胸肉が販売されていたことは気がかりだった。このあとはピザを注文して、そちらもコーラと共に美味しく頂き、寝る時間まで過ごさせてもらった。

キャンプサイトに戻り、テント、エアマット、寝袋をセッティングする。どれも深刻なほどに濡れてはいないので、今朝の判断に救われたわけだが、やはり雨が怖い。曇りは天気がどう転ぶかが分からない。この不安定さに曇り空の不気味さがあるのだろう。祈って眠るしかない。

Iceland Bicycle Solo Trip

首都エリア

再訪

2023年7月30日

クヴォルスヴォールルという小さな街のキャンプ場で目が覚めた。早めに就寝したというのもあって、目覚めよくスッキリしている。天気は持ち堪えてくれたようだが、今にも雨が降りそうである。キッチンへと向かい、お湯を沸かしてコーヒーを淹れ、パンとビスケットをジャムと蜂蜜で食べる。食材を買えば調理できる設備ではあったが、昨夜、混んでいたキッチンを見た瞬間に萎えたので、いつもの簡易朝食としたのだ。

今日に限ってはどこまで進むかという重要な問題がある。ゴールとなる首都レイキャビークまでは１００キロメートルと一日で十分に走り切れる距離まで迫ってきてしまっていたのだ。レイキャビークのホステルまで行ってしまうか、50キロメートルほどで中断して途中のキャンプサイトでの滞在を挟むか。というのも、ホステルの宿泊費はキャンプサイトの3倍ほどにもなるのだ。情けない理由だが、特に予定がないだけにゴールしても仕方がないという、最後の最後で旅自体を否定しかねない訳が分からない状態になってしまっている。とりあえず時間には余裕があるので、のんびり考えることにしよう。

キッチンルームに備え付けられている乾燥機に洗濯物を放り込んで始動させる。1台しかないため、昨夜は大変な稼働率だったが、それを見て朝イチで利用しようと決めていたのだ。しかも乾燥機を動かすとキッチンルーム全体の暖房にもなって都合がいい。

荷物の整理をしていると、スペイン人だという男性が話しかけてきた。日本を何度か訪ねたことがあるらしく、日本人だと思って声をかけてくれたらしい。

「日本へ行ってスキーをしてきたんだ。えーと、なんだったかな～SAWA-ONSEN～」

とスペイン男が言ったので、

「野沢温泉かな。とても有名なスキー場だよね」と答えると、

「そうそれだ！〝O〟ZAWA-ONSEN」とスペイン男性は晴れやかな顔を見せた。

「〝NO〟ZAWA-ONSENは日本でも最大規模のゲレンデで、いわゆる温泉街という日本独特の街が形成されているんだ。〝NO〟ZAWA-ONSENは」と強調しておく。

「来月に日本に行く予定があるんだよ。今回は〝O〟ZAWA-ONSENには行かないけど、またスキーをしに行きたいよ」とスペイン男は日本に焦がれている。

「NNNNNOZAWA-ONSEN（ん！んん〜ぅの！ざわ温泉）はいいところだよ」と笑顔で睨みつけた。

街を離れると、すぐに雨が降ってきた。走行中は服装や荷物が濡れることを、ある程度は想定しているので大きな問題ではない。とはいえ、色々と晴れより面倒なのは事実である。キャンプサイトで安く留まっても、食費、シャワー、プールの代金でそれほど差はないのかもしれない。レイキャビークで出発前にも利用した比較的安価なホステルであれば、キッチンやシャワー（無料）の具合まで大体把握できている。既にここまで雨で濡れてしまったら、そのホステルまで行ってしまった方が何かと楽かもしれない。

対向車線には東へ向かうサイクリスト達が粛々とペダルを回している。目下、向かい風と雨というアイスランドの洗礼を受けているわけだが頑張ってくれたまえ。場所的にまだ走行から3日以内くらいで気候に慣れる前で絶望していることであろう。

首都近郊なので、断続的に街があってそれなりに都市の雰囲気が出てきた。そんな中、途中のセールフォス（Selfoss）という街の道路沿いにスーパーワールドチェーンであるＫＦＣの店舗を発見した。そういえばこの国ではスターバックスもマクドナルドも見ていなかったので妙な感動がある。お昼の時間でもあるし、チキンバーガーの覚醒者としてはワールドスタンダードの味を知っておく必要もあるだろう。

店内の客が、いかにもフライドチキンが好きそうな屈強な男達に見えるのは気のせいだろうか。座席に濡れたウエアを放り出して、タッチパネル式の注文ボードの前に立って、チキンバーガー、ポテト、ドリンクのセットを注文した。ポテトをLにサイズアップしてドリンクはオレンジソーダにしてみた。このオレンジソーダはよく見かけるのだが、今まで飲む機会がなかった。というのもファンタオレンジのようなものだろうと思っていて特に注文しなかったのである。コーラのプライオリティが高すぎたのも理由としてあげられる。

呼ばれてカウンターに取りに行くと、紙皿にポテトとバーガーが載っていて、その重さに紙皿の強度が耐えられるかどうか微妙なところだ。ドリンクの紙コップも持とうとしたら、

「2回に分けて運びな」と店員に諭され、まずはバーガーをテーブルに運んだ。

ジューサーに紙コップをセットしてオレンジソーダを押す。ここでドリンクを選択できるなら、ドリンクの種類をオーダー時にわざわざ選択するのはなぜだろうか。アイスランド人の好みでも集計しているのか。それにしても、世界中でソフトドリンクはコーラ系（黒）、スプライト系（透明）、ファンタオレンジ系（橙）の3品、3色、3トップでリ

リースされている。ほとんどの飲食店でもスーパーでも同じように配列されているこの現象は、冷静になると怖い気がする。

所詮ファンタオレンジだろうとバカにしてはいるが、漠然としているだけでファンタオレンジの詳細な味なぞ覚えていない。注いだオレンジソーダと呼ばれるドリンクを飲んでみると、案外スッキリしていて美味しい。いかにも作り物のオレンジ風味という勝手なマインドが先行していて遠慮していたが、結構良い味にまとまっているではないか。個人的にはスプライトを抑えて2位の座を与えよう。

チキンバーガーはまさにスタンダードといった感じで、チキンとマヨソースのコンビには毎度安心させられる。もう2、3個食べたいところだが、これだけで日本円換算で2500円はしてしまう。

散々とこの国の物価に直面してきたが、忌避感よりも単純な悲しさが増してしまう。日本とアイスランドは共通点も多く、地熱火山大国、豊富な水資源を有していたり、そもそも島国であったりする。しかし、一人あたりのGDPで見る生産性は2倍以上の差をつけられており、アイスランドの給与はアメリカに次ぐほどで平均月額90万円ほどだと聞く。現地で働いたわけではなく、あくまで数字で想像するだけだが、それらを勘案すると、このチキンバーガーなどの値段はそれほど高くはないのだ。

日本は3倍の国土面積を持ち、人口に至っては400倍にもなる。つまり、全くと言っていいほど国土と人口のスケールメリットが利いていないのだ。産業構造、業界業種、分野によって状況は大きく変わるが、これほど残念でならないことはない。

しかも、アイスランドは緯度が高く穀物や農作物を自国で栽培するのは難しいなど、独立国として深刻なディスアドバンテージがある。森林資源や少量であれば化石燃料でさえ自国で賄える日本国民の私がこれほど物価の差を痛感するとは、まさに言葉も出ないのである。今回の旅は常にこの気持ちと共に旅をしていたような気がする。

レイキャビーク手前の山に差し掛かった。小雨は降っているし、山には霧がかかっていて上が見えないので、どれくらい登ればいいのかが分からない。車の交通量はかなり増えてきたし車線も多いのだが、上りになると1車線になって怖い。曲がり角の部分から道路脇に謎の塔が見えた。電柱や電波塔ではなさそうだが、階段があってワイヤーが麓の下の方へと張られている。滑車か何かで荷物を運搬するにしては少し頼りない感じだし、隣に立派な舗装路があるので運搬するならこの道路を利用するだろう。ヘルメットをつけた人や建物の雰囲気からジップラインアクティビティ（人が滑車につかまって落ちるやつ）な気がする。利用者がスタンバイしているようなので、カメラを片手に待機して待つこと2分ほど、塔の上の二人は解き放たれて麓へと下っていった。霧で視界は悪いものの、見えなくなるまで落ちていった。なんてことはないが、木が少ないこの国では案外向いているアトラクションかもしれない。日本だと高架線に木などが干渉しないように管理するのが大変だろう。自転車を左右に揺らしながら、なんとか最後の坂を上り切る。

下っている最中、道路横の大地からは煙が立ち昇っていた。温泉などの熱水が沸いているエリアのようだ。首都圏ギリギリの距離にこのような設備があるのはさすがである。都市部で地熱の需要が多いので効率的なインフラになるのだろう。疑問なのは、レイキャビークの街が形成されてから、街の近くで利用しやすい地熱エリアを探したのか、いい地熱エリアがあったので、街を近くに築いたのか。どちらが先なのだろうか。

グングンと坂を下り、この国では珍しいバイパスを越え、懐かしいレイキャビークの街へと到着した。いつの間にか雨も上がっていた。ホステルへ向かう前にショッピングモールのスーパーマーケットで簡単な食材とコーラを購入した。この旅での最後のコーラになるかもしれない。このホステルをチェックアウトして約1ヶ月で再び舞い戻ってきたことになる。

部屋に荷物を運び込み、いつも通りにシャワーを浴び、キッチンへ向かって食事を作る。やはり自転車旅の終わりには特に感傷もない。まして、たったの1ヶ月ぶりのレイキャビークとホステルであるので、久しい感覚すらない。

余っていたペンネを茹でてボロネーゼソース、解凍したブロッコリーと一緒にフライパンで炒め、フライドオニオンをかける。ひとまず数日は、持っている食材を使い切ることに主眼を置く生活になるだろう。

今後のことだが、当初はヨーロッパ大陸を少し走ろうかとも思っていたが、旅の資金がなくなってしまったので早急に帰国することにした。それに、自分の旅のスタイル的に追加で他の国を走るのは蛇足感がある。どっぷり、ねっとりとこの国だけを見たかったような気さえする。帰りの飛行機の予約、自転車を入れるダンボールの入手、ガソリンやアルコールは全て使わなくてはならない。コーラで頭に糖分を投入しながら次の段取りを整え始める。

走行距離：２１８０キロメートル
走行時間：１２５時間
獲得標高：２４５１５メートル
走行日数：21日
オフ日：８日
（ＧＰＳアプリ「strava」と有線のサイクルコンピューターから概算）

Iceland Bicycle Solo Trip

日本へ

ケプラビーク国際空港

2023年8月8日

ついにアイスランドを去る時が来た。というほど長く深く、そして誰かと友情を築いたというわけでもない。ホエールウォッチングもしていなければ、氷河を歩いたわけでも、噴火や溶岩も見ていない。国を象徴する鳥でマスコットとなっているパフィンすら見ていないし、空に輝くオーロラは白夜で見られなかった。ゴールデンサークルやブルーラグーンという観光名所すら行っていないのである。このように記述すると何もしていないようだが……いや、本当に何もしていないのかもしれない。

そんなことを思いながら、自転車屋で頂いてきたフレーム用のダンボールに自転車やテントなどのキャンプ用品を詰め込む。往復3時間ほど歩いて自転車屋からこのダンボールをハンドキャリーしてきたのだ。自転車ダンボールは巨大であるため、ショップでも常に邪魔で大抵は無料で頂くことができる。ちなみに、その自転車屋へ、行きはローカルバスで向かったが、運賃の支払い方が分からずに降りたい場所で降りられずオーバーしてしまった。そのため、多分に長い距離を歩かされた。最初は分からなかったが、運賃は1回570クローナで定額なのだと思う。乗車時に570クローナをボックスに入れて好きな場所で降りればいいのだが、細かい持ち合わせがなく500クローナ札と100クローナコインの計600クローナを使うはめになった。電子決済もできるのだが、アプリの存在を知らなかった。というより調べる発想に至らなかったのが悔しい。

ホステル発、ケプラビーク国際空港行きのバスに乗り込んでレイキャビークを離れる。自走してもよかったが、自転車用のダンボールが空港や周辺で入手できるか分からないので、あらかじめバスを利用することにしていた。空港で購入できたとしても特殊ダンボールなので3000円ほどは費用がかかってしまうと予想でき、結局はバス代金と差はないのである。当然ながら、160×100センチメートルくらいのサイズの空のダンボールを持って自転車に乗るのは不可能だ。

空港に到着し、まずは免税手続きをしてみる。アウトドア商品を少し免税店で購入していたのだ。必要事項を記入して受付の女性にレシートを見せると、それにスタンプを押して回収してくれた。何がどう免税されたのか分からないが、これで完了らしい。余計に払っていたら還付の手続きと確認方法をアナウンスされそうなのだが。もしくは、最初から税金分を免除された状態で店舗で支払っていたらこれでいいのかもしれない。レシートの画像の写真なども残っておらず、それらを確認する方法はないので考えないことにしよう。

昼食を取るために、空港内のカフェに向かったが値段が高すぎる。空港内はアイスランド国内で最も値段の高いパンが食べられると思っていいかもしれない。それでも選択肢はないのでシナモンロールとコーヒーを注文した。時間があったので少しPCなどをいじっていたら、あっという間に荷物を預けられる時間がきた。

荷台カートに載せて放置していた場所に戻ると、自転車などの荷物がそっくり消えていた。焦りながらも周囲に話を聞くとセキュリティに回収されたようだ。地下のセキュリティ事務所へ行って無事に荷物を取り戻すことができた。「目を離すな」と言われたが、大きすぎる荷物なのでカフェにも入れなければトイレにも持ち込めない。自転車の空輪はできるはずなのに、自転車を持つだけで空港の設計から除外されてしまう。この煩雑さだけはイライラしてしまう。

「オッドサイズ（Odd size：特殊サイズ）の荷物はあっちのカウンターだ」とフィンランドエアーのチェックインカウンターで言われたので、その特殊荷物のカウンターへ向かうと、ダンボールにラベルを貼ってから持ってこいと言われた。チェックインカウンターで話をすると、「セルフチェックインボードで発券しろ」と言われるが、発券機には、「オッドサイズはチェックインカウンターへ」と表記されている。

そのことを伝えるとやっとカウンターで対応してくれた。たらい回しで辟易としてしまう。システム自体も悪いのだろうが、スタッフがシステムを理解していないのだろう。さらに、アイスランドに来た時は通常サイズで預けることができた自転車用のサイドバッグも特殊荷物だと言われ、同じような手続きが必要だと言われた。スタッフに不安を感じたのと面倒だったので乗り継ぎの手続きはせずに、経由先のヘルシンキ空港で一旦荷物を回収することにしよう。

やっと荷物から解放されたところで、セキュリティチェックへと向かった。入国時にこの空港で買って以来、ずっと使っていたミネラルウォーターのペットボトルを取り出し、残っていた水を飲み干した。このペットボトルに愛着も出てきたが、綺麗な水が無料で手に入るこの国で、砂漠で購入するより高価な値段で買わされたことによって生まれた自身の怨念と共にゴミ箱に捨てた。

免税店でお土産に酒でも買おうかと思ったが、乗り換えなどもあるし面倒である。そもそも余剰資金もない。お菓子や飲み物も、一般店の価格を知っている身にすれば元値が高くて免税店の意味がまるでない。そのままゲートへ進んでしまおう。

このタイミングで、スマートフォンのシムカードを差し替えておこう。アイスランドのモバイル回線「Siminn」とはここでお別れだ。追加購入したデータ容量50ＧＢはピッタリ使うことができた。フィンランドは「ドコモのahamo」でローミング可能な国なので、日本で使っている通信回線をそのままで通信可能なのだ。ここで重大な問題に直面した。シムトレーを引き出すためのピン、通称シムピンがないと交換することができない。「Siminn」の時は店舗に行ったからスタッフが持っていたが、今回ばかりはどうしようもない。安全ピンや針金など代用できるものもない。面倒なことになってしまった。途方に暮れながら、どこかに落ちていないかな、などと空港で妄想していたら座席の下に落ちていた。こんなことがあるとは。今回の旅で一番驚いたことである。

「ウェルカム、ボーイ」と搭乗時に案内されて着席する。

まずはフィンランドのヘルシンキ空港へ向かう。

みんな大好きムーミン

2023年8月9日

飛行機内から見える空は暗く、眼下にはヘルシンキの夜景が見えた。久しぶりの「夜」というわけだ。深夜0時頃にヘルシンキ空港に到着した。どうやらここがムーミンの故郷であるフィンランドらしい。コンベアから流れてきた荷物を引き上げて、特殊サイズ荷物の受取口へ向かう。女性スタッフが自転車ダンボールと格闘していたので自分のだと伝えてカートに載せる。

そのまま、出口方向へ歩いていると入国審査もなしに空港ロビーへと放出された。アイスランドはEU非加盟国だが、フィンランドと共にシュンゲン協定とかいうやつの加盟国なので国境審査なしに出入りができるらしい。問題はここからで、出国までをこの超大型荷物と共に空港で過ごす必要がある。16時間ほど。

階段の下に臥して何時間が経っただろうか。1、2回意識がなくなった気もするが、ほとんど眠ることはできなかった。仰向けになったまま左下方を見ると、1メートルくらい先の至近距離でイスラム教徒の方が絨毯を敷いてまた礼拝をしている。体を起こし、エアマットの空気を抜き、丸めてザックにしまい込む。こうなることを見越してエアマットを手荷物として携帯していたのだ。周囲を見ると机に突っ伏して寝ている人もいれば、同じように床に倒れ込んで寝ている人もいる。だんだんと朝になってきたのか、24時間営業のコンビニ的な店舗に入る客も多くなってきた。ヘルシンキの人口を調べると60万人ほどらしい。既に全アイスランド国民より多いことになる。きっと24時間営業のコンビニも珍しくはないのだろう。

サブウェイでサンドウィッチを注文していると、自転車を載せたカートの周りに人が集まっている。慌ててレジから離れて自分の荷物だと主張すると、セキュリティらしき男が、「目を離さずにもっと近くに置いておけ」と言ってきた。

そうしたいのだが、一人でこれほどの荷物を管理するのは骨が折れるのだ。店やトイレなどにはなかなか入れなくなる。

素晴らしきオモテナシ

2階のチェックインカウンターへ向かい、チェックインボードを操作するが、航空会社選択覧に「ＪＡＬ（日本航空）」がない。どういうことだろうか、有人カウンターも見当たらない。場所はここでいいはずだが、時間を気にしながら待つしかないようだ。

出発の2時間前くらいになり、やっとJALのカウンターが出現し、日本人と思しき人達が列を作り出した。カウンターへ進むと、スタッフの外国人女性がその場で搭乗券の発行をしてくれた。自転車を無事に預けられるだろうか不安に思っていたが、結論から言うと素晴らしい体験をした。

ダンボールの中身が自転車であることを伝え、指示に従って重さを量るためにカウンター横の台に自転車を載せた。

「超過荷物のエクストラ料金は払った?」と、表示されている重さを見ながら、その女性が聞いてきた。

「えーと、払って……ないかな……払ってない!」少し考えてこう答えた。

一瞬迷ったが、ヘルシンキまでの、つまりフィンランドエアーでの超過料金はウェブで支払ったが、日本行きの便は独立して予約したので支払っていなかった。

「オーケー。払ってないのね」そう言って、カウンターから出て、日本人男性スタッフと何かを喋り始めた。

また、面倒なことになるのだろうと溜息をついていたら不安は見事に裏切られた。その女性スタッフが隣に来て、荷物を縦に立てろという。

「私の身長が168センチメートルだから、それ以下ね」

長辺の長さが知りたかったらしい。

「超過料金は支払う必要はないわ、インクルード（inclued：含む）」と女性スタッフは続けて言い放った。

目を丸くしていたら、日本人男性スタッフも近付いてきて、

「この危険物マークがあると飛行機に積載できないので消してもいいですか」と日本語で言ってきた。

「はい。このダンボールは頂いたものなので、このマークと中身との関連はないです」と伝えた。

なぜアイスランドから持ってこられたのだろうかと疑問に感じ、フィンランドエアーのカウンターをチラ見したが、些細なことなのかもしれない。

ＪＡＬスタッフの外国人女性は通常荷物で載せられるように交渉してくれていたのである。

「荷物を全て持って付いてきて」と女性スタッフは言い、大型荷物の受け場まで案内し、専用の大型パレットを用意してくれたので、そこに自転車のダンボールを倒して載せた。

「このパレットに入るならやっぱり問題ないわね、そっちの荷物もここで預かるわ」と彼

女は続ける。

アイスランド空港では規格外サイズに認定された悲しきサイドバッグが無事に受け入れられたのである。素敵な体験と冒頭で記述したが、あれほど苦労した荷物類があっけなく処理された。これこそがＪＡＬである。もうＪＡＬしか使わないかもしれない。これが「オモテナシ」と言うやつか。

考えてみると、チェックインが有人のみなのもＪＡＬの便数が少ないからなのだ。フライトボードは大量のフィンランドエアーの便で埋め尽くされていて、その中に日本航空は一便しかないのである。便数が少ないのは残念なことかもしれないが、その後に荷物を預けるともなれば、結局は並ぶことになるので、このやり方でも構わないのであろう。

ＪＡＬに感動しつつ、セキュリティチェックをパスして免税店を見て回る。気分まかせにワインでもお土産に買おうかと悩んだが、他国のワインばかりでなんともモチベーションが低くなる。カゴに入れては、冷静になって戻すを繰り返した。やはりウイスキーかとも思ったが、ここはフィンランドであるし、やはりいまいちだ。とはいえ、ムーミングッズを買っても仕方ないどころか、日本でも十分に手に入る。

カメラやゲームなどの電子機器も僅かに安い気もするが、そこそこ高価なものであればそれなりに吟味したいし、そもそも電子製品やその周辺機器の商品の豊富さにおいて、日本は他国の追随を許さないレベルだ。この場で即決購入するほどの価格メリットは感じることができない。

結局のところ免税店というものは「付加価値の高い消耗品」を購入するのが最も効果的なのだろう。化粧品、タバコ、酒である。どれも不要な私にとっては縁がない場所なのかもしれない。そもそも、高級腕時計とかブランドバッグを思いつきで買うわけがない。買うのならじっくりと自国で考えたいと思うのが普通だろう。時間に制限のある場所で高級品を買うほど富裕層ではないのである。ファーストクラスとかで移動できるお金がある人は思いつきで買ったりするのだろうか。

カフェでシナモンロールと巨大なフォカッチャ、そしてコーヒーを購入して帰国前の腹ごしらえとしよう。フォカッチャと呼ばれるパンはよく分からないいくらい具材がてんこ盛りで、隙間から大量にそれらがこぼれてしまった。途中にあった焼きたてピザの自販機は大いに気になったが、満腹なのでスルーして飛行機へ搭乗することにした。

日本まではロングフライトになる。ＪＡＬのサービスの素晴らしい体験談を記述したが、それ以上に感心するところは、英語ができなくても完璧にエスコートしてくれる部分にあると思う。皮肉的だが、日本人が英語が苦手なほどにＪＡＬの価値は高まる気さえする。少なくとも現地の空港までなら完璧にストレスなく届けてくれるし、日本への帰国には最大限の助力をしてくれる。単なる飛行機屋さんではないのである。精神的な意味でも日本人にとっては「海外旅行の翼」というわけだ。一度は経営破綻になってしまったが、このサービスはずっと生きながらえてほしいものである。そのためには強い国となって、円の価値を上げて、多くの人がアイスランドのような海外旅行へ赴く余裕を持つようになればいいのだが、日本の課題は山積みだろう。ちなみに、私の場合は余裕ではなく覚悟である。このような自由な旅をする場合、仕事は辞めて、貯金を使い果たさなくてはいけないのだ。

さて、アイスランド出国からまともに睡眠をとれていない気がする。熟睡はできないままでも、機内ではなるべく眠りたいところだ。

水

2023年8月10日

昼の12時に羽田空港に降り立った。機内から出た瞬間、とんでもない湿度と気温に襲われた。数日前までダウンベストを着て寒さに耐えていたことが嘘のようだ。同じ北半球でここまで違うとは驚きだ。外国人含め、海外経験のある人は皆、日本の夏が一番酷暑だと言うが、本当かもしれない。

荷物の回収をしようとＪＡＬの職員に自転車のことを聞くと、係員が持ってくるので待っていてくださいと言われ、ここでもスーパーサービスに驚く。

出口に迎えにきてくれた父親と合流し、実家のある福島県会津若松市へ向かうべく、車へと移動する。エレベーターの幅などが十分に取られていて大型荷物を持っての移動もケプラビークやヘルシンキほど苦労しない。一方で空港を出て、この荷物を持って日本の在来線を乗り継げる気がしないので親を車で呼び付けてしまっていた。自走しろと言われそうだが、都心は走りたくないのである。信号が多すぎて全く進まないのだ。

実家への帰路の途中、サービスエリアで夕食を取ることになった。券売機の前でそれなりに迷って、とりあえずカツ丼のボタンを押した。換算すると７００～８００クローナくらいだろうか。アイスランドにおけるこの値段はシナモンロールなどのいわゆる菓子パン一つくらいである。日本はとてつもなく安いことを改めて認識させられる。

プラスチックの食器にカツ丼、小鉢、吸い物が盛られ、お盆に載って配膳される。言葉にできない妙な違和感がある。味も不味いわけではないのだが、食事というタスクをこなして処理している感覚になる。自転車に乗っていないからだろうか、体力的に疲れていないからだろうか、インテリアや食器の影響だろうか、この気怠い暑さが悪いのか、理由は分からないが味気なく、安っぽく、底が浅い感覚に見舞われた。重さのない食べ物を口に運んでいるようだ。

レジで「水」を買った。ペットボトルに口をつけ、ただの水を流し込んだ時に衝撃が走った。美味しくない。口に含んだ瞬間、反射的に一瞬抵抗してしまったのだ。日本でよく飲んでいたミネラルウォーターで、むしろ好きだった銘柄のはずである。これがアイスランドだったのかと、帰国を実感しながら、ペットボトルに目を落とした。

夕刻に実家に辿り着いて、猫が出迎えてくれる。母親も健在で変わりないようである。タイミング良くお盆の時期である。墓参りにでも付いていくことにしよう。

清少納言の『枕草子』、「春はあけぼの、夏は夜」というだけあって、日本の暗い夏の夜は悪くない。彼女が日の落ちない夏の夜を知ったら何と記しただろうか。実家でも蛇口を捻って水道水をコップに注いで飲むが、やはりアイスランドの水の方が美味しい。

あとがき

本書を手に取って頂き、ありがとうございます。アイスランドという国を多くの人に知ってもらえたら嬉しいです。火山と氷河の国と言われるように、ファンタジーの世界のようなイメージが先行する国ですが、自分たちの国土の持ち味を活かして、賢い生活をしている国、という印象を受けました。厳しい気候風土、文化、歴史、生活の雰囲気などが分かるように、それらに実際に触れてきた自分なりの視点で、自転車旅を通して本書を描いたつもりです。一部、正確ではない情報がありますが、旅での考えや印象、推理を優先して表記しました。例えば、温泉を直接利用するのではなく、加温した水に硫黄を添加している場合が多いのだと後で知りました。

本文でも触れましたが、アイスランドは日本と共通点が多く、色々な物事を比較すると面白いです。出版、流通して頂いた文芸社様、販売してくださった各書店様には感謝申し上げます。機会があれば、次は「極夜」のある冬に訪ねてみたいと思っています。

改めて、ご購読ありがとうございました。

著者プロフィール

鎌田 悠介（かまた ゆうすけ）

1987年5月7日生まれ。福島県会津若松市出身。

新潟大学工学部化学システム工学科に在学中、総合格闘技を習い、日本各地を自転車で旅する。

卒業後は新潟市のナミックス（株）へ入社し電極部材や半導体封止剤の開発に携わる。

28歳で総合格闘家としてプロデビューし2016年修斗フライ級（56.7kg）新人王を獲得する。

2019年31歳でオーストラリア自転車旅、2023年36歳でアイスランド自転車旅を完遂。

技術者やスポーツ選手として培った多くの経験やアウトドアスキルを活かし、幅広く活動している。

著書に『オーストラリア自転車旅』（2021年、つむぎ書房）がある。

白夜疾走 ～アイスランド自転車一人旅～

2024年5月15日　初版第1刷発行

著　者　鎌田 悠介
発行者　瓜谷 綱延
発行所　株式会社文芸社
〒160-0022　東京都新宿区新宿1－10－1
電話　03-5369-3060（代表）
03-5369-2299（販売）

印刷所　図書印刷株式会社

ISBN978-4-286-25350-3